大展好書　好書大展
品嘗好書　冠群可期

大展好書　好書大展
品嘗好書　冠群可期

命理與預言 71

八字婚姻點鑰

星海釣叟／著

大展出版社有限公司

前言

「婚姻是家庭的基礎，家庭是社會的源頭，而社會則是國家的根本。」所以，有幸福美滿的婚姻，才會有健全溫馨的家庭，也才有祥和守法的社會，才會締造出進步團結的國家。

孔子的禮運大同篇說：「男有分，女有歸。」正說明了婚姻在家庭、社會、國家的整體環節中，扮演了不可或缺的角色。而我們要如何才能擁有幸福美滿的婚姻生活呢？

一、相知——

世人常說：「男女總因誤會而結合，卻因相識而分手。」然而事實果真如此嗎？正好相反，世人皆因相識而結合，反因誤會而分手。如果男女雙方的婚姻結合真始於相知，則更應進一步相惜才是。

二、相惜——

所謂：「百年修得同船渡，千年修得共枕眠。」今世能成為夫妻，不知要歷經幾世才能修得的緣份，其得來不易，應善加珍惜，縱有考驗，也要勇敢面對，經得起考驗，不到最後關頭，絕不輕言放棄。「惜」著往日真心，過去的直心。現在未來也都應該如此，恆久不變。

三、相敬——

夫妻天天生活在一起，難免會起衝突磨擦。俗話說：「舌頭跟牙齒再好，偶而也是會咬到。」更甭說是夫妻了，所以，當夫妻為爭執而吵架的時候，千萬不要惡言相向，用惡毒的話語來攻擊傷害對方，反而更應冷靜思考，互相敬重，把對方看成如賓客一般，如此自能平安無事，否則，當牙齒不小心咬到舌頭，舌頭便生氣的不再跟牙齒合作，到最後，其人必將死掉，而夫妻相處的道理又何嚐不是如此呢？

四、相容——

俗話常說：「人的眼睛，容不下一粒沙子。」而夫妻也是，當男女雙方結婚之後，再也不能容許你的另一半，有絲毫對不起自己的或背叛自己的行為發生。然而先賢有言：「有容乃大」夫妻之間，之所以能相安無事的相處一輩子，其重要關鍵在一個「容」字，宇宙之所以遼闊，虛空之所以廣大，皆在一個容字，能容則天下自安。

五、相讓——

讓則不爭功，讓則不諉過。夫妻相處，貴在能互相退讓，能為對方設想，退讓能使家庭和諧，更可營造和樂的家庭生活氣氛。

※黑羊與白羊過橋的故事——

黑羊和白羊要過橋，來到橋中央，但因橋實在太窄了，如果互不相讓，而硬要擠身而過，兩隻羊必定會落橋而亡，這時唯一能安全過橋的最好方法，就是其中之一要選擇退讓，讓另一隻羊先行通過。這故事連小學童都知道，但可惜的是我們這些大人卻很難真正做到。

六、相扶——

「人」最難能可貴之處，就是在他人有難的時候，能加以扶持，而在自己有困難的時候，可以有人依靠，而夫妻乃世間最親的親人，能夠在自己最苦的時候，適時的伸出援手，讓你得到依靠而最直接，又最快速的，無非就是你的另一半，所以，請千萬不要讓自己變成一個傷害另一半最深的人。

七、相諒——

人都有犯錯的時候，人非聖賢，孰能無過。「己所不欲，勿施於人。」我們不想要的，請不要隨便加在他人身上。故而能體諒另一半的一時無心之過，就顯得相對重要。所謂事緩則圓，人急無智，所以，當你的另一半不經意的犯了錯時，請千萬不要急著給對方難堪的指責，應先冷靜思考，我是否也曾犯過錯，而他所犯的錯誤真的不可原諒嗎？如果夫妻常能做這樣的思考，必能雨過見天晴。

八、相信——

「信任別人是有智慧的。」諺言止於智者，世人常言：「無風不起浪，事出必有因。」夫妻相處，「信任」是非常重要的，常見許多夫妻，因為互相的不信任，而造成了許多的生離死別，真是教人情何以堪，然而有智慧的人，總能分別事情的真假與對錯。所以，夫妻只要能互相的信任，相信很快的必能讓誤會平息，然而要如何才能得到另一半真心的相信你呢？必要能互相坦誠以對，才可能取得另一半的信任。

九、相輔——

「人生最悲苦的，莫過於孤獨貧病。」沒有人希望自己的人生是這樣過的。所以，你的另一半將是你一生中最重要的貴人。「有福同享，有難共赴。」夫妻的命運是共同體，這是無法避免的，也是無法逃避的責任跟宿命，若你不認同，那麼你將會是最自私，又是最自利的人。曾有人這麼說：「如果你的眼睛看不見了，我願當你的拐杖，如果你的腳不能走了，我願當你的輪椅。」這真是一段撼動人心的話。所以，當有一天你要對你的另一半說：「夫妻本是同林鳥，大限來時各自飛。」的同時，也請你想想，你是否也曾對你的另一半說過：「在天願作比翼鳥，在地願結連理枝。」的誓言呢？所以，夫妻本是同命鴛鴦，本來就該互相輔佐，而不應互相嫌棄的，故古人云：「夫妻同心，廢鐵變金。」只要夫妻心志一同，最後必能苦盡甘來，白頭終老。

十、相勉——

勉勵的話語，猶如荒漠甘泉，使人充滿清涼甘甜，使人充滿鬥志，夫妻之間，也是需要互相說些勉勵的話語。雖然，夫妻也常會遇到困難挫折，但是能互相鼓勵勸勉，必能化阻力為助力，化危機為轉機。

※所以夫妻相處，能確實的實行以上十要，則一家上下何愁不幸福，不美滿呢？而社會又怎會不健全，不溫馨呢？國家又怎會不團結，不興盛呢？人民百姓又怎會不祥合，不守法呢？

序文

人的一生，從出生直到死亡，有的人長，有的人短，其過程的每個階段，都有不同的責任、使命和意義，這當中，有學習，有成長，有付出，有享受，有歡樂，有悲苦，個中滋味，五味雜陳，難以用言語道盡，而人的成敗與衰，皆各不同，自有數理，自有宿命，然天數所定，人力真無法挽回焉?實不然也；否則，愚公移山，至誠何來，山雖或不能移，然其心意已盡，其精神吾人若能效法，哪有不能以誠感動天地鬼神的。故「事在人為」，「成功在我」之信念實有其意涵也。所以，人的幸福跟快樂，雖或有宿命，也須靠自己的努力才有可能獲得。

有鑑於因時勢的變遷及思想的開放，近年來離婚率不斷地攀升，內心倍感焦慮與不安，深覺一個從事命理研究者的使命與良知的催促，實不忍心看著世間男女因一時的判斷錯誤，而鑄成難以挽回的大錯，是以著手作第二本書『八字婚姻點鑰』來探討隱藏婚姻危機的八字，借此與大家共同警惕，進一步達到如何認識自己及了解另一半，使人人都能進而改善現今存在的婚姻關係，使人人都能變惡緣為良緣，今後能在婚姻的路途上更順暢，並且能得到真正的幸福和快樂。

這是後學這次著作此書最重大的意義，當然不要忘了，要讓自己快樂的過生活，也不要忘了，同時也要能讓別人快樂，而布施就是能使自己快樂，也能同時讓別人快樂的不二法門，是故請不要吝惜你的讚美與微笑，因讚美與微笑是人際關係間最佳的調和劑，也是夫妻生活中不可或缺的潤滑油。

最後再一次感謝大展出版社，能讓後學有再次服務大家的機會，也希望日後還有這榮幸，推出新作與大家分享，謹此數語以為序。

星海釣叟　書序於
歲次甲申年五月

目 錄

一、僧尼

△火土混濁而為僧。

△金水雙清而為道。

△用殺返輕多僧道之流。

△官祿空亡遇貴人，除服作高僧。

△生逢貴人值孤寡，決定為僧道。

△空亡刑害又休日，為僧道或為尼。

△五行無氣值孤寡，必是行善人。

△華蓋逢空，偏宜僧道。

以上所敘述的字句，乃指人命八字中有逢此情形時，便有可能是修行命格的人，縱然未棄紅塵而入空門，恐怕也會有不婚或晚婚或雖結了婚，或孤獨一人過下半生的情況出現。

和尚造：

八字

辛酉　貴人
丙申
癸酉　貴人
辛酉　貴人

虛歲	11	21	31	41	51	61	71
大運	乙未	甲午	癸巳	壬辰	辛卯	庚寅	己丑

分析：

癸水申月，金多生水，雖月透丙火但丙逢辛合，又無木來生火，正符合金水雙清而為道的佐證，此為一和尚命造。

△身強而印重，故命主雖出家卻過著貧苦的生活，此因財無源流之故。

和尚造：

八字

己巳　貴人
丙子　紅艷
壬子　紅艷
己酉　沐浴

虛歲	10	20	30	40	50	60	70
大運	乙亥	甲戌	癸酉	壬申	辛未	庚午	己巳

分析：

壬水子月，金水寒凍，最喜火來調候，可惜火欠木不輝，火土不能止水，反使其濁，正符合火土混濁而為僧的佐證，此為一和尚造。

△身強財弱無食傷生扶，年時己土正官不能止水，反洩火濁水命格，故出家為和尚。

尼姑造：

八字

丙申

丁酉

乙巳

丁丑

虛歲	10	20	30	40	50	60	70
大運	丙申	乙未	甲午	癸巳	壬辰	辛卯	庚寅

分析：

酉月乙木，辛金司令。支全巳酉丑三合金局，日元無氣，當論從殺，可惜官殺混雜，而且天干三透食傷丙丁火，此造可列入用殺返輕，多僧道之流而論述。

△此造地支金，天干火，火金交戰，日元無氣可論從殺，可惜食傷剋破格敗矣。

△官殺混雜，女命不宜，若用食傷而棄官殺，則官殺又剋制太過，是以此造命主棄紅塵而入空門。

二、—喪偶

△乾造男命以正財論妻以偏財論妾。

△坤造女命以正官論夫以七殺論偏夫。除此之外，亦以用神論夫妻。

△乾造男命，若在柱中正偏財為喜用而被比肩，羊刃剋破時有妻妾早逝之情事發生。

△坤造女命，若在柱中正官七殺為喜用時而被沖破，則夫妻易有早別之象。

△乾造男命除正偏財被沖剋，易造成與配偶死別外，其餘星神若為用神也被沖破，情況亦然。

△坤造女命除正官七殺被沖剋，易與配偶死別外，而其餘星神若同為用神，也遭沖破情況也與乾造男命相同。

乾造命：

八字

丙辰
庚子
丙午
甲午

虛歲	2	12	22	32	42	52	62
大運	辛丑	壬寅	癸卯	甲辰	乙巳	丙午	丁未

分析：

乾造男命子月丙火，陰陽不調，日元得勢三火一木生助，元神轉強，月干庚金偏財高透，不見正財，且偏財逢丙火年干比肩剋破，為人風流成性，於甲辰運妻亡後又與多名寡婦同居最後家產耗盡，並得肝癌而亡。

此造之木被火洩又被金剋，雖有子水欲滋養生扶甲木，可惜子逢午沖又被辰土合入庫中，才導致得肝癌而亡身。

乾造命：

八字

丙午

己亥

己未

己巳

虛歲	10	20	30	40	50	60	70
大運	庚子	辛丑	壬寅	癸卯	甲辰	乙巳	丙午

分析：

乾造男命亥月己土，支全巳午未南方火局，火土燥熱，幸有亥水潤澤方不致偏枯。此造雖甲木司令，但甲與己合，甲木失其作用，水無金生，故此造以旺格論之。是以至癸運庸庸碌碌，且連剋三妻，至卯運漸發，丙午運愈好，可惜辛酉流年見第五妾，與人發生姦情而活活氣死。

此造所以連剋三妻，因亥水無源又被旺火焦乾之故也。

坤造命：

八字

乙丑

己卯

丁酉

乙巳

虛歲	8	18	28	38	48	58	68
大運	庚辰	辛巳	壬午	癸未	甲申	乙酉	丙戌

分析：

坤造女命卯月丁火日元，年時乙木雙透通根氣在月支卯木，但地支巳酉丑三合金，強金剋旺木無水化剋，故與夫緣短。故此造早在辛巳大運三合局之丙戌流年結婚，卻在戊子流年喪夫。

因地支子為喜用，又為夫星卻被丑合入庫故此夫喪也。

坤造命：

八字

辛卯

癸巳

戊申

甲寅

虛歲	10	20	30	40	50	60	70
大運	甲午	乙未	丙申	丁酉	戊戌	己亥	庚子

分析：

坤造女命巳月戊土日元，全局氣結金水木，日元氣弱，取巳中丙火為用，可惜地支寅申巳三刑，用神傷矣，且命中官殺混雜，年支卯木正官逢辛金蓋頭剋下，日時申寅相沖，官殺皆傷，而用神亦傷，故命主於丙申大運甲子流年亡夫，丙火運干逢年干辛金拌合，申與命局重疊三刑，身弱又逢官殺流年自是凶禍，甲子流年甲木又助殺攻身，子水破巳火，喜用盡失故亡夫。

坤造命：

八字

庚寅

甲申

戊寅

丁巳

虛歲	2	12	22	32	42	52	62
大運	癸未	壬午	辛巳	庚辰	己卯	戊寅	丁丑

分析：

坤造女命申月戊土日生，局見剋洩氣重，幸時落丁巳可化殺生身，日主由弱轉強，但不幸的是甲寅七殺逢刑逢剋，局中無水救應，夫星傷矣，此造全局沖剋太重且夫星夫宮皆遭刑傷，故此命造連剋數夫。

而大運接連走庚辛食神及傷官之運亦是罪魁禍首之因。

坤造命：

八字

癸卯

丙辰

丁未

庚戌

虛歲	2	12	22	32	42	52	62
大運	丁巳	戊午	己未	庚申	辛酉	壬戌	癸亥

分析：

坤造女命辰月丁火日元，戊土司權，地支三土洩氣重，幸有時干庚金導土生年干癸水，癸水又轉生卯木，木又生日元，五行相生有情看似佳造，然日支坐未土食神能制官殺，命中已然暗藏凶禍，故此造命主在己未大運之乙丑流年結婚，沒有一個月先生便因車禍去世身亡，大運流年丑未沖且與命局三刑，且大運干頭己土剋癸水七殺，雖流年乙木欲剋己土救癸水，卻被時干庚金合住，救應不及也。

坤造命：

八字

甲戌

戊辰

丁巳

辛亥

虛歲	5	15	25	35	45	55	65
大運	丁卯	丙寅	乙丑	甲子	癸亥	壬辰	辛酉

分析：

坤造女命辰月丁火日生，癸水司令。年月柱甲戌，戊辰天地沖，食神傷官洩氣太過，日時柱亦天地沖剋，故日元太弱幸有年干甲木生扶日主，使日元不會太弱，可惜時支亥水正官逢日支巳火沖，夫星有傷，福份不真，大運乙丑，乙木逢辛剋，丑與戌刑故流年癸卯已成寡婦為何呢？

因大運乙丑之丑與日支巳暗拱酉來沖流年之卯而木為用神方招凶禍也。

坤造命：

八字

庚午
丙戌
甲寅
丁卯

虛歲	8	18	28	38	48	58	68
大運	乙酉	甲申	癸未	壬午	辛巳	庚辰	己卯

分析：

坤造女命戌月甲木日元，戊土司令。支全寅午戌三合火局，月時干透丙丁應論從格，年上庚金七殺被旺火所熔，夫難保矣，故此造命主雖格局不俗，嫁給醫生為妻，但於午運時其夫病歿身亡，食傷重疊，官殺危矣。

此造所缺憾的是，在沒有辰丑溼土晦火生金，又無水來生扶日元，故福份薄了些。

坤造命：

八字

戊戌

乙卯

戊申

丙辰

虛歲	10	20	30	40	50	60	70
大運	甲寅	癸丑	壬子	辛亥	庚戌	己酉	戊申

分析：

坤造女命卯月戊土日生，乙木司令。身強最喜財官，然日支坐申金雖可洩日元土氣，卻也造成了剋制官殺的力量，而局中正官被時干丙火洩去，又被食神所制，不見滴水滋養木氣危矣，故命主大運進入癸丑之時癸水被戊土合，且丑與戌刑是於在流年庚甲結婚，也在當年丈夫因車禍而亡，皆因食神傷官太重所危害也。

坤造命：

八字

丙戌

丁酉

癸卯

壬戌

虛歲	7	17	27	37	47	57	67
大運	丙申	乙未	甲午	癸巳	壬辰	辛卯	庚寅

分析：

坤造女命生癸水日酉月，辛金司令。年月透丙丁、日時為壬癸，水火相沖須以木來生火，因秋金生水，水旺火弱，用神為日支卯木逢酉金剋破，夫星難存，其先生在命主甲午運時有外遇，而在癸巳運離婚，且其先生在與命主離婚後不久便病死。

此造命主之所以有此遭遇，除大運巳與酉合沖卯木外，其戊土正官夫星藏於年時戌庫之中也是其因之一。

坤造命：

八字

戊辰

辛酉

癸酉

丙辰

虛歲	8	18	28	38	48	58	68
大運	庚申	己未	戊午	丁巳	丙辰	乙卯	甲寅

分析：

坤造女命生癸水日酉月，辛金司令。財官不弱，但金水亦強，時上丙火正財虛透，局中不見木來生火，用神為夫卻不見，難享夫蔭，故命主於己未大運流年乙酉結婚，卻在辛卯流年夫亡，結婚在乙酉年，乙木雖可生火卻被辛金剋破，其先生病亡在辛卯，因卯逢酉沖之故。

坤造命：

八字

乙亥
癸未
壬辰
壬寅

虛歲	9	19	29	39	49	59	69
大運	甲申	乙酉	丙戌	丁亥	戊子	己丑	庚寅

分析：

坤造女命壬水日生未月，乙木司令。日元不弱，年月亥未支合卯木，日時寅辰又拱夾卯木，年干又透乙木，食神傷官旺氣月日支中辰未雖藏戊己土星，但局中不見火苗，官殺被食傷剋制太過，是以此造命主在乙酉大運中丙申流年結婚，未幾夫死，辛丑流年再披嫁紗。

坤造命：

八字

戊戌

己未

己酉

庚午

虛歲	9	19	29	39	49	59	69
大運	戊午	丁巳	丙辰	乙卯	甲寅	癸丑	壬子

分析：

坤造女命己土日主生未月，己土司令。五土一火氣屬燥熱，幸時干庚金傷官通日支酉金洩秀，但年月支未戌刑，日時午酉破，而庚金坐午火亦難有作為，燥土無水潤澤難以生發萬物，而乙未七殺偏夫暗藏於未庫，故此造命主在丁巳大運之丙寅流年先生因車禍而死亡。

巳與局中午未會火局，丙火剋庚金，寅見午戌三合火，喜用盡去故夫亡。

三、妾命

女命所以為妾或偏房者，若非命中無官，便是官星多合，否則為財旺暗生官，或命中食神傷官疊見而無官殺者且貴人只許一位，若貴人重逢或貴人逢合者亦然，而局中紅艷桃花亦不能多合，而正官被沖剋而留殺者，或食神傷官重且又官殺混雜者皆有可能為妾或偏房。

而財透官藏者亦為妾命之徵兆。沐浴與桃花一般同論若局中沐浴多合也是。同時貴人若逢沖剋穿破亦為妾命之象。而桃花沐浴紅艷逢沖者也是妾兆。

坤造命：

八字

己未

庚辰

癸巳

戊午

虛歲	9	19	29	39	49	59	69
大運	辛巳	壬午	癸未	甲申	乙酉	丙戌	丁亥

分析：

癸水日生辰月，戊土司令，支全巳午未南方火局，年時戊己雙透官殺，財旺生官殺，權取月干庚金化殺生身，可惜日主癸水與時干戊土作合，此謂貪合忘生，且地支會成南方財局，旺財暗生官且官殺混雜，故此造命主嫁一富商為妾。

坤造命：

八字

壬辰　壬寅　癸卯　辛酉

虛歲	9	19	29	39	49	59	69
大運	辛丑	庚子	己亥	戊戌	丁酉	丙申	乙未

分析：

坤造癸水日主生寅月，甲木司令。支全寅卯辰東方木局，身強食傷重，年支辰中戊土正官被合化，食傷重而夫星被合化形成水木傷官秀氣格局，故命主天生麗質，家貧為弟妹學業而下海，於二十一歲嫁日本人做偏房，此造最大缺憾在局中無火財生扶官星。

坤造命：

八字

丁亥

乙巳

乙卯

戊寅

虛歲	1	11	21	31	41	51	61
大運	丙午	丁未	戊申	己酉	庚戌	辛亥	壬子

分析：

坤造乙木日主生巳月，丙火司令。四木一水日元不弱，年透食神通根在月支巳火，雖食神可以生財，可惜命中不見官殺，退其次而求用神為夫，即是食神生財，則食神為夫，但此造丙火司令，主氣在傷官，而巳火逢亥沖，即傷官用神逢沖，故此造命主嫁人做偏房。

局中無官殺，雖大運逢申酉亦難有作用，因弱金逢寅卯旺木沖則金挫矣。

坤造命：

八字

丁亥　貴人
己酉　貴人
丙午
庚寅　紅艷

虛歲	5	15	25	35	45	55	65
大運	庚戌	辛亥	壬子	癸丑	甲寅	乙卯	丙辰

分析：

坤造丙火日元生酉月，辛金司令。日時寅午支合，年透丁火助身，日元不弱，辛月透己土傷官生財，財又生年支亥水七殺，看似財官雙美可惜貴人兩位，紅艷又合，這是女命最不願意看到的，因女命貴人只許一位多者不宜，且紅艷桃花沐浴也不可作合否則不貴反賤，故此造命主雖為人聰明美麗，卻嫁人為妾，且私生活很雜。

坤造命：

八字

癸巳

戊午

丁巳

辛丑

虛歲	2	12	22	32	42	52	62
大運	己未	庚申	辛酉	壬戌	癸亥	甲子	乙丑

分析：

坤造丁火日元生午月，丁火司令。日主強健日時巳丑支合，時干又透辛金財亦不弱，更有戊土透月以洩日元之氣，惜燥土不能生金，雖年干癸水欲作調劑，無奈戊癸作合，癸為七殺偏夫被合，財透官藏非寡則妾故此造命主在辛酉大運時結婚，卻在二十七歲流年己未，地支形成巳午未時其夫即歿，於流年辛酉又嫁人為妾。

坤造命：

八字

甲辰

壬申

辛亥

壬辰

虛歲	9	19	29	39	49	59	69
大運	辛未	庚午	己巳	戊辰	丁卯	丙寅	乙丑

分析：

坤造辛金日元，秋生申月庚金司令。日元不弱，年月申辰支合，月時雙透壬水通根氣在亥，食傷洩氣亦重，金水氣較枯寒惜柱中無火暖局，火為夫，夫既不見，食傷又重而夫宮亥逢申穿自是夫緣淺，故命主嫁人作偏房，幸喜大運一路行東南木火之地。

坤造命：

八字

戊寅 沐浴

癸亥

癸亥

壬戌

虛歲	7	17	27	37	47	57	67
大運	壬戌	辛酉	庚申	己未	戊午	丁巳	丙辰

分析：

坤造癸水日生冬亥月，壬永司權，氣象寒凍，雖年干戊土，足以為堤可惜無火相助可謂功虧一簣，女命正官為夫與比肩爭合，且年月寅亥支見沐浴合，此種組合難逃妾命故此造命主嫁給一位富商為妾，且在己未大運之辛酉流年於四十四歲時夫病逝，因命中無財生官故而難享夫蔭。

坤造命：

八字

甲午
戊辰
丁巳
辛丑

虛歲	10	20	30	40	50	60	70
大運	丁卯	丙寅	乙丑	甲子	癸亥	壬戌	辛酉

分析：

坤造丁火日元春生辰月，戊土司令。身強食傷重，日時巳丑支合時透辛金，財亦不弱可惜官殺藏於庫中，且官殺逢合（巳丑合）食傷旺生財，財透官藏妾命宜矣，故此造命主嫁一富商為妾，雖享富卻難得貴蔭，縱大運走金水亦難挽妾命之勢，是以命中食傷生財無夫星者，若享財富者應多積功累德以修來世福報。

坤造命：

八字

戊戌

庚申　沐浴

丁亥　貴人

乙巳

虛歲	11	21	31	41	51	61	71
大運	己未	戊午	丁巳	丙辰	乙卯	甲寅	癸丑

分析：

坤造丁火日主秋生申月，庚金司令。食傷生旺財，財又生官取時上乙木生扶，看似佳造但細看日支亥中壬水正官坐貴人逢沖逢穿破不美也。

用神乙木也可看夫遭庚金合化，吉中藏凶，故嫁人作偏房幸大運一路走東南木火大運。

坤造命：

八字

己丑

辛未

丙午 桃花

戊子

虛歲	9	19	29	39	49	59	69
大運	壬申	癸酉	甲戌	乙亥	丙子	丁丑	戊寅

分析：

坤造丙火日元夏生未月，乙木司令。局中四土洩日主丙火之氣，日時子午地支逢沖，火根鬆動，若非乙木司令當論從，但此造雖乙木司令卻被月干辛金剋破，地支年月沖，日時也沖。且為桃花逢合逢沖故嫁人為妾，傷官重而官殺逢合逢沖故妾命宜也。

坤造命：

八字

甲午 沐浴

丙子

庚戌 紅艷

甲申 紅艷

虛歲	5	15	25	35	45	55	65
大運	乙亥	甲戌	癸酉	壬申	辛未	庚午	己巳

分析：

坤造庚金日元冬生子月癸水司令。身主不弱，金水寒者喜火調候，局中官殺混雜，年月子午沖去官而留殺，去正夫而留偏夫，戌運時離婚，二十八歲辛酉流年與局中申戌三會紅艷與有婦之夫同居，癸酉大運過同居生活，轉壬運又再分手。

此造婚姻不美之處在官殺混雜，而地支遍滿沐浴紅艷且會合沖剋太過之故。

坤造命：

八字

丙申　沐浴　貴人

乙未

己丑

甲子　貴人

虛歲	7	17	27	37	47	57	67
大運	甲午	癸巳	壬辰	辛卯	庚寅	己丑	戊子

分析：

坤造己土日生夏未月，己土司令。月日夫宮見丑未沖，子丑日時支合，局中貴人兩位，月時甲乙木官殺混雜，恐為妾命之徵兆。

此造看似身強，但丑未沖日主之根鬆動，且甲乙官殺透出剋制日元，必以年上丙火為用，然大運干走金水，故此造嫁人為妾。

坤造命：

八字

丙申 紅艷
辛丑
癸巳 貴人
庚申 紅艷

虛歲	6	16	26	36	46	56	66
大運	庚子	己亥	戊戌	丁酉	丙申	乙未	甲午

分析：

坤造癸水日冬生丑月，己土司令。年月丙辛合，月日巳丑合，日時巳申刑合，局中多合且為貴人紅艷合，此為妾命之兆。局中陰溼須火調候，柱中雖見丙巳可惜火神均遭合化，用神無力，女命柱中多合不吉，故此造命主嫁人為妾，而其先生也不安分，更在外拈花惹草與其他女人廝混。

坤造命：

八字

戊戌

癸亥

癸巳　貴人

乙卯　貴人

虛歲	2	12	22	32	42	52	62
大運	壬戌	辛酉	庚申	己未	戊午	丁巳	丙辰

分析：

坤造癸水日生冬亥月，甲木司令。日主雖有月柱癸亥之助，但年透戊合，月日亥逢巳沖，元神氣虛，必當從假神論之。女命貴人只許一位，此造貴人重逢且正官夫星爭合，食傷制官殺重，生官之財又被沖倒，故此命主於庚申大運，丁卯流年嫁一富商為妾，更在戊午大運與先生分手。

坤造命：

八字

乙未

己卯 貴人

癸巳 貴人

戊午

虛歲	2	12	22	32	42	52	62
大運	庚辰	辛巳	壬午	癸未	甲申	乙酉	丙戌

分析：

坤造癸水日元春生卯月，乙木司權，日主氣絕當從雜氣格，貴人重逢官殺混雜，而食傷亦旺，故嫁富商為妾，此造幾乎有關妾命構成的條件皆出現在此命局之中，且行運又走金水還魂之鄉，實女命之大忌也。

此造另一重大缺失在地支卯未合及巳午未合及日時戊癸合，女命合多不宜，故妾命宜也。

四、離婚

不管男命女命，夫妻宮有沖剋者，或行運有沖剋夫妻宮者，或男命財星為用而有沖剋者，或女命夫星為用而有沖剋者，或男命局中無財星者或運遇財而成婚者，運過則離，或女命局中無夫星而運行夫運雖結婚，而運過離也。

或男命財為喜用卻遇運剋者及女命夫星為用而大運來剋者也會造成離婚可能，而男命身弱財旺或女命身弱官旺者，或不管男命女命夫妻宮會合過旺者，或男命財星被洩太過者或女命官星被洩太過者，或男命比劫太重或女命食傷太重而無制者皆有可能離婚。或不管男命女命用神亦可參看夫妻，因此，用神在局中或大運沖剋者也可能離婚。而流年亦然。

乾造命：

八字

庚戌

庚辰

甲申　紅艷

己巳

虛歲	2	12	22	32	42	52	62
大運	辛巳	壬午	癸未	甲申	乙酉	丙戌	丁亥

分析：

此造：

甲木日元春生辰月，戊土司令。財殺兩旺且財星逢沖，而日時支見巳申刑合，夫妻宮傷矣，身弱用印因月日支申辰暗拱子水故不可論從，此造命主在癸未大運壬申流年結婚，卻在癸酉流年離婚。

此造所以早婚因妻宮紅艷坐守逢合，但因癸水用神受己土剋破而離婚。

乾造命：

八字

丙申

己亥

戊申

甲寅

虛歲	1	11	21	31	41	51	61
大運	庚子	辛丑	壬寅	癸卯	甲辰	乙巳	丙午

分析：

此造：

戊土日主生冬亥月，壬水司令。水冷土凍，最喜年上丙火普照，展現生機，故命主出身名門世家，月支亥水偏財逢申穿破，而夫妻宮申金逢寅刑沖，雖為人高大英俊，卻在壬寅大運之時即在婚姻路上已遍體傷痕，因壬寅與日柱戊申形成天地沖剋，是以至今命主已數度婚姻，流年癸未其同居人又與其分手。

乾造命：

八字

壬辰

庚戌

丙申

庚寅　紅艷

虛歲	8	18	28	38	48	58	68
大運	辛亥	壬子	癸丑	甲寅	乙卯	丙辰	丁巳

分析：

此造：

丙火日元秋生戌月、丁火司令。年月辰戌沖，日時寅申沖丙庚剋，全局沖剋太過，財旺身弱取印生扶，用印逢財破，夫妻宮及財星及用神皆損故此造命主在丑運時與妻離婚，在甲寅運時再婚。

此命主為一殯儀業者，曾獲大利，但因格局結構不佳，又把過去獲利敗光。

乾造命：

八字

戊戌
丁巳
戊申
壬戌

虛歲	3	13	23	33	43	53	63
大運	戊午	己未	庚申	辛酉	壬戌	癸亥	甲子

分析：

此造：

戊土日元夏生巳月，丙火司令。火土燥熱幸有時干壬水潤澤，更喜日支申金洩土生水，水有源頭自應流長，可惜身旺財弱且妻宮雖為喜用卻遭刑剋，故命主雖在庚申大運結婚，卻也在庚申大運之己巳流年離婚。

為何此造大運走喜用卻離婚，因申運見妻宮申為伏吟，而流年己巳之己土混壬而巳與妻宮申刑與大運亦刑所導致也。

乾造命：

八字

戊申
己未
戊申
乙卯

虛歲	1	11	21	31	41	51	61
大運	庚申	辛酉	壬戌	癸亥	甲子	乙丑	丙寅

分析：

此造：

戊土日元生未月，己土司令。全局土重最喜木來疏土，可惜不見滴水潤土養木，而日支申金食神雖可洩秀但卻剋制正官星，財星不見自與妻緣薄，雖大運走壬，癸亥但水遭土剋，故命主年紀輕輕卻已離二次婚，身旺無財雖大運逢財卻遭剋破自是婚姻難美。

乾造命：

八字

丁酉

辛亥

壬寅

戊申

大運	庚戌	己酉	戊申	丁未	丙午	乙巳	甲辰
虛歲	7	17	27	37	47	57	67

分析：

此造：

壬水日元冬生亥月，壬水司令。金水陰寒，取年上丁火調候，喜日支寅木洩水生火，但丁火逢壬水剋而寅木逢申沖，丁火為財又為喜用，雖命主在戊申大運之甲子流年因子合申解寅申沖而結婚，且妻子亦秀麗端莊，但卻在丙寅流年而離婚，故而形成命局沖而大運流年也沖的組合，後雖在丁未大運又與一女子同居生一子後又分手。

乾造命：

八字

己酉　紅艷
乙亥　沐浴
辛卯
丁酉　紅艷

虛歲	2	12	22	32	42	52	62
大運	甲戌	癸酉	壬申	辛未	庚午	己巳	戊辰

分析：

此造：

辛金日元冬生亥月，甲木司權。雖日月支亥卯合木，乙木又透月干財不弱，然卯逢酉沖，且酉為辛金之祿神，故身強而財弱而地支也形成紅艷沖，而沐浴合的組合，柱中日時辛卯與丁酉天地沖剋，年月干頭乙木剋己土，沖剋太過是以此造在申運時便與妻離婚。

乾造命：

八字

乙卯

丙子 桃花

辛卯

庚寅 貴人

虛歲	1	11	21	31	41	51	61
大運	乙亥	甲戌	癸酉	壬申	辛未	庚午	己巳

分析：

此造：

辛金日元冬生子月，癸水司權。全局氣聚水木火，雖日主有時干庚金欲幫身，但庚辛虛浮，且辛金逢丙火作合而化故此造可以化氣格論亦可以從勢格論，此造雖可兼格論，然妻財宮位左右逢刑且又是桃花刑，故當大運入癸酉時卯木逢酉金沖，故於此運中與妻離婚。

乾造命：

八字

丙申

丁酉

癸未

丁巳

虛歲	9	19	29	39	49	59	69
大運	戊戌	己亥	庚子	辛丑	壬寅	癸卯	甲辰

分析：

此造：

癸水日元秋生酉月，庚金司權。秋水長天氣勢不弱但局中四火一土，身雖強而財亦旺看似佳造，實則不然，因申酉金被丙丁火蓋頭剋，財旺而印輕身不能任財自是妻緣較薄，是以命主在辛丑大運離婚，何以在辛丑運離而不是在庚子運，雖丙丁火可剋庚金，但因子水為日主癸祿且子又為丙丁絕地，而辛金卻會被丙丁剋而丑又與妻宮未沖故離也。

乾造命：

八字

癸卯　貴人

辛酉

癸亥

甲子　桃花

大運	庚申	己未	戊午	丁巳	丙辰	乙卯	甲寅
虛歲	4	14	24	34	44	54	64

分析：

此造：

癸水日元生酉月，辛金司權。全局金水寒凝，取火解凍可惜不見火星，身旺財無自是妻緣薄，而局中生火之木年支卯又逢月支酉金沖破，喜用看妻而有傷妻如何可保，貴人逢沖難得貴人相助，故命主在戊午大運時便與妻離婚，因午火財被子水剋之故，命主至今已有二次婚姻，桃花逢沖主姻緣散（子午沖）。

乾造命：

八字

己卯

己巳

庚戌

乙酉

虛歲	3	13	23	33	43	53	63
大運	戊辰	丁卯	丙寅	乙丑	甲子	癸亥	壬戌

分析：

此造：

庚金日元夏生巳火月，庚金司令。日主通根氣在時支酉刃，且有三土生扶，身主強健，而年時乙卯財被剋合，財弱身旺又無水來生養，用神為水，水不見主妻緣薄，故命主在丙寅大運己酉流年結婚，但只短短幾載便在丑運離婚。何以結束在丑運中，因丑與局中巳酉三合金局來剋木，而丑又與妻宮戌刑剋，故離。

乾造命：

八字

戊戌

癸亥

癸巳　貴人

乙卯　貴人

虛歲	9	19	29	39	49	59	69
大運	甲子	乙丑	丙寅	丁卯	戊辰	己巳	庚午

分析：

此造：

命主八字與本書在妾命篇中所介紹一八字完全相同。坤命造乃一妾命而此造為乾造卻也有類似之處，此命主在丙寅大運之壬申流年逢地支寅申巳亥四變局之時，連連虧損數百萬，更在癸酉流年與妻辦離婚。

此造所以離婚，因為妻宮財星坐守而逢沖，更因此造為從格，故行金水運反大虧且又離婚。

乾造命：

八字

乙巳 貴人

己丑

癸巳 貴人

癸亥 驛馬

虛歲	9	19	29	39	49	59	69
大運	戊子	丁亥	丙戌	乙酉	甲申	癸未	壬午

分析：

此造：

癸水日生冬丑月，己土司令。看似身強而財殺旺，但細看發現亥水沖巳火，火苗滅矣，且巳丑合金，故日元由弱轉旺，財殺由旺轉弱，故運喜火土，審觀全局日支財坐貴人逢驛馬沖，一生少貴人助又多遷動，故命主雖在亥運辛未流年結婚，但運限流年支皆逢沖，因此，在丙運中戊寅流年離婚，雖寅木可生火卻與妻宮刑。

坤造命：

八字

庚戌

戊子

癸亥

丁巳　貴人

大運	丁亥	丙戌	乙酉	甲申	癸未	壬午	辛巳
虛歲	2	12	22	32	42	52	62

分析：

此造：

癸水日生冬子月，壬水司令。金水溼寒雖時柱丁巳，但日時天沖地剋，且子月為丁火絕地，火苗滅矣，最可惜火無木生且日時支沖，夫宮傷矣，而月干戊土正官夫星忘剋而貪合，故命主在戊運時結婚，而在乙酉運之癸酉流年離婚。

此造貴人逢沖，乙木大運用神逢庚金合而受傷故離。

坤造命：

八字

丙午

壬寅 沐浴

癸亥

癸未

虛歲	11	21	31	41	51	61	71
大運	辛丑	庚子	己亥	戊戌	丁酉	丙申	乙未

分析：

此造：

癸水日元生春寅月，甲木司權，日主看似旺實弱，因亥未合及寅午合，木火似弱實強故運喜金水，身弱財官旺不能任也，故命主在己亥大運之己卯流年離婚，因己土七殺出現在大運，流年之干頭也是己土七殺而地支亥卯未合，未中己土遇卯填實而被合入庫中，剋洩日元太過，傷官見官為禍百端。

坤造命：

八字

庚戌

己丑　貴人

戊戌

丙辰　紅艷

虛歲	3	13	23	33	43	53	63
大運	戊子	丁亥	丙戌	乙酉	甲申	癸未	壬午

分析：

此造：

戊土日元冬生丑月，己土司令。全局火土旺，格成稼穡最喜年上庚金洩秀，此命若為乾造必大貴，而女命身強透食傷而局中無夫星，其福祿不真，且柱中貴人及紅艷皆沖，而夫宮也遭刑沖，故命主在戌運中已離婚。

此造乙木正官藏於辰庫中似有非有，若無實有，雖稼穡又奈何。

坤造命：

八字

丁亥

丁未

己丑

庚午

虛歲	11	21	31	41	51	61	71
大運	戊申	己酉	庚戌	辛亥	壬子	癸丑	甲寅

分析：

此造：

己土日元生未月，丁火司令。年月雙透丁火通根氣在時支午火生扶日元，故身主旺，雖時上庚金可洩土生水但脆金遇強火剋而亥又遇未合，金水盡失其作用，因亥未甲乙木皆合庫中，而無力施為，雖命主在己酉運中己酉流年結婚，卻在庚戌大運支逢丑未戌三刑時離婚，不久又與另一男子同居，數年後又與該男人分手，在壬子大運時又與另一男子同居，難道真是造化弄人乎。

坤造命：

八字

癸丑

戊午

甲午

甲戌

虛歲	4	14	24	34	44	54	64
大運	己未	庚申	辛酉	壬戌	癸亥	甲子	乙丑

分析：

此造：

甲木日元生午月，丁火司令。午戌合火，戊癸亦作合化火當論從格，雖時干有甲木幫身無妨，因從兒不忌比劫星，此造財透官藏，非寡則妾，是以命主運行辛酉為傷官見官酉見午破而離婚。

所謂女命財多身弱定多夫，正為此造之寫照，命主至今已三度婚姻。

坤造命：

八字

己亥

癸酉

癸丑

甲寅

虛歲	4	14	24	34	44	54	64
大運	甲戌	乙亥	丙子	丁丑	戊寅	己卯	庚辰

分析：

此造：

癸酉月生日主癸水，本金清水白，無奈年干己土七殺透干而濁水，若用土則無火，若用時柱甲洩，傷官則剋官殺真是兩難，必待運行火而解，果然命主於丙運結婚，但運過行子運地支全亥子丑北方水而土潰散離婚，於丁運又再婚。

此造所以不能享夫蔭，皆因命運乖舛使然。

坤造命：

八字

辛丑

己亥

壬申

辛亥

虛歲	2	12	22	32	42	52	62
大運	庚子	辛丑	壬寅	癸卯	甲辰	乙巳	丙午

分析：

此造：

壬水日冬生亥月壬水司令。金水陰寒，取火解凍而月干己土制水無功反濁水質，局中無火生土星官殺如何立足，故命主在壬寅運中沖剋夫宮而在壬申流年與夫離婚，寅申沖除夫宮鬆動外，寅中丙戊均皆傷矣，身強財官弱，大運雖逢財官也難避其凶災。

此造夫宮申逢亥穿也是不吉的其中一個原因。

坤造命：

八字

癸巳　貴人

甲寅

壬子　紅艷

戊申

虛歲	2	12	22	32	42	52	62
大運	乙卯	丙辰	丁巳	戊午	己未	庚申	辛酉

分析：

此造：

壬水日主生寅木春月，甲木司令。食神洩氣重，幸時柱戊申，申子合助旺身主，身旺以官殺為用，可惜時干戊土不能止水反洩於申金，且又被甲木所剋，唯用年支巳火洩木生土，然巳見寅刑，又被癸水蓋頭剋下，雖五十一歲前行運佳自營會計事務所，但己未大運官殺混雜，且未穿破夫宮子水於癸未流年離婚，貴人逢刑，紅艷逢合，婚姻如何終老。

坤造命：

八字

丙戌

癸巳

丙申

丙申

虛歲	6	16	26	36	46	56	66
大運	壬辰	辛卯	庚寅	己丑	戊子	丁亥	丙戌

分析：

此造：

丙火日元生巳月，丙火司令。身強喜財官，月干癸水雖透，但夫宮財星伏吟又逢刑，且大運進入庚寅形成丙剋庚，而寅與巳申刑，導致夫妻吵吵鬧鬧，於己未流年離婚，因己土剋癸水，正官逢流年剋絕，且未又為癸水墓庫，則官被剋絕焉有不離之理，除非行善之人方可避也，否則數已定則人力難以挽回也。

坤造命：

八字

己亥

丙寅

戊午

乙卯　沐浴

虛歲	11	21	31	41	51	61	71
大運	丁卯	戊辰	己巳	庚午	辛未	壬申	癸酉

分析：

此造：

戊土日元春生寅月，甲木司令。全局官殺混雜雖合殺留官，但午卯破官星有損，雖月干丙火轉化，但年支亥水沒有金來發源，誠為可惜，此造在戊辰運地支寅卯辰三會局結婚，但也在流年甲子離婚，因甲子流年與日柱戊午形成天地沖剋，而甲木又和乙木形成官殺混局之勢，此造沐浴破自不利婚姻。

坤造命：

八字

辛丑

庚子

己丑

癸酉

虛歲	6	16	26	36	46	56	66
大運	辛丑	壬寅	癸卯	甲辰	乙巳	丙午	丁未

分析：

此造：

己土日元冬生子月，癸水司令。局屬溼寒，不見火來調候，不見夫星且金水洩氣太過，女命食傷重者不蔭夫。

故此造命主在寅運結婚，在卯運時離婚，寅運結婚是因命中無官殺星，大運逢官而結婚，但運過又離乃因卯為七殺偏夫逢酉金剋破之故。

坤造命：

八字

癸卯

丙辰

丁未

壬寅

虛歲	2	12	22	32	42	52	62
大運	丁巳	戊午	己未	庚申	辛酉	壬戌	癸亥

分析：

此造：

丁火日元生辰月，戊土司令。地支寅卯辰全東方木，木火兩旺，年時雖壬癸雙透，但水無源流，豈可流長，故命主於戊午大運之戊午流年便已結婚，但於庚申運便與先生分手。之所以戊午運戊午年結婚，乃因午與夫宮未合，而在庚運分手，因庚被丙剋之故。金能生水，金被剋水源絕分手當然耳。

坤造命：

八字

甲午　貴人
癸酉　紅艷
辛卯　桃花
己丑

虛歲	3	13	23	33	43	53	63
大運	壬申	辛未	庚午	己巳	戊辰	丁卯	丙寅

分析：

此造：

辛金日元生酉月庚金司令。時落己丑生扶日元，身主不弱喜財官，日支卯木為桃花財卻逢酉金紅艷沖，而月干癸水雖欲洩金去生水，卻遭時干己土所剋財源斷，年支官星難起作用，因年上甲木被司令之庚金剋破，故命主在戊辰大運癸未流年離婚。

五、同居

大學云：「物有本末，事有終始，知所先後，則近道矣。」

萬事萬物皆有表徵，而何種命局易淪為同居者，從命理上追尋有時也不難找出蛛絲馬跡，如乾造男命局中，財星作合或妻宮有合或格成三合或三方會者，或桃花滾浪者，而坤造女命局中，見夫星合者或夫宮有合者或格成三合或三方會局者或桃花多者，皆出現同居現象較為普遍情形。而大運與流年跟命居成會合者，或會合拱夾桃花者，也易有同居情形。

若女命貴人及沐浴或紅艷明合暗合者均然，但此中重點必需是有官殺合在其中者，最為準確。

乾造命：

八字

己未

丁丑

乙酉

庚辰

虛歲	3	13	23	33	43	53	63
大運	丙子	乙亥	甲戌	癸酉	壬申	辛未	庚午

分析：

此造：

乙木日主冬生丑月，癸水司令。故不可論從，大運喜走水木火，忌土金，此造財星與妻宮作合，故命主於高中時期直到當兵時期前就與女友同居，直到退伍後才與女友分手，又為何在亥運時便與人同居，因亥與年支未偏財作合，才會與人同居且亥未暗合卯木，亦符合同居條件且此造妻宮左右皆合財，為何退伍後分手因甲戌運財逢刑剋之故。

乾造命：

八字

戊午

己未

壬申

乙巳

虛歲	11	21	31	41	51	61	71
大運	庚申	辛酉	壬戌	癸亥	甲子	乙丑	丙寅

分析：

此造：

支成方局。火土燥熱最喜金生發水源，日支申金作印可為一用，但火旺金熔最遺憾水無根又無溼土，幸大運一路金水，乙木本可制土，可惜坐下巳火，乙木焦枯矣。

此造命主財會方局而大運酉為日主壬水沐浴與財合，故與女友同居不久因個性不合而分手。

乾造命：

八字

庚子

己卯

丁巳

丁未　紅艷

虛歲	3	13	23	33	43	53	63
大運	庚辰	辛巳	壬午	癸未	甲申	乙酉	丙戌

分析：

此造：

丁火日元生卯月，乙木司令。木火兩旺身強財弱，月干食神洩秀生財，然己土坐下卯木死絕用之無力，且年支子水七殺逢刑，喜用不佳。此造日時巳未拱夾午火，果然行壬午大運三會紅艷火局時，終因女色而惹禍，將同居人失手殺死。

若命局中三會羊刃局者將因女色而惹禍。

乾造命：

八字

甲午

丁丑

癸巳　貴人

戊午

虛歲	2	12	22	32	42	52	62
大運	戊寅	己卯	庚辰	辛巳	壬午	癸未	甲申

分析：

此造：

癸水日元生丑月，己土司令。全局火土旺象，本當論從但月日巳丑支合酉金，故以正格論。此造妻宮財星逢合，雖未與妻離婚，卻在外與另一女人同居。此造身弱財旺而不能任也，但因妻宮合故想一箭雙鵰。會局中貪合忘生者大多數較無情。指男命而言，而女命則較現實。

坤造命：

八字

己酉

癸酉

甲午 —— 紅艷、桃紅

甲子 沐浴

虛歲	9	19	29	39	49	59	68
大運	甲戌	乙亥	丙子	丁丑	戊寅	己卯	庚辰

分析：

此造：

甲木日主秋生酉月，財官旺取印為用化官殺，可惜癸被己剋而子逢午沖，地全子午酉遍地桃花。此造命主在甲戌運丙寅流年三合桃花及紅艷便與男友同居數年卻不想結婚，因夫宮及夫星均被剋破之故。

此造從其八字格局中看命主若想從一而終恐非易事。當自求多福。

坤造命：

八字

壬戌

癸丑

辛丑

丙申

虛歲	3	13	23	33	43	53	63
大運	壬子	辛亥	庚戌	己酉	戊申	丁未	丙午

分析：

此造：

辛金日元冬生丑月，辛金司令。元神不弱，年月雙透壬癸食神傷官，而時干丙火正官無財生扶豈得貴夫蔭身，且日主與正官貪合，為人較講究現實，大運辛亥流年壬午，午為偏官貴人，亥為沐浴又午戌合，亥與夫宮暗會子水而自高職畢業後便與人同居並曾墮胎。

坤造命：

八字

己未

戊辰

壬申

戊申

虛歲	2	12	22	32	42	52	62
大運	己巳	庚午	辛未	壬申	癸酉	甲戌	乙亥

分析：

此造：

壬申日生辰月，戊土司令。全局官殺旺而身弱，取印化殺，日月支見申辰暗合子水，子為紅艷來合故此造命主出身平庸，學歷高中，雖官殺多而雜，幸夫宮為喜，且大運金水，只可惜局中無木疏土，否則必然大有作為，於辛未大運之癸未年與男友未結婚先同居生子。

此造格局與前造類似。

坤造命：

八字

甲寅

丙子 紅艷

壬辰

戊申

虛歲	4	14	24	34	44	54	64
大運	乙亥	甲戌	癸酉	壬申	辛未	庚午	己巳

分析：

此造：

壬水冬生子月，支全申子辰三合紅艷，取時干戊干七殺止水亦喜丙火生助戊土，而年干甲木更可洩水生火，五行相生有情，可惜地支三合紅艷犯紅顏劫，故命主除與一大其二十歲的醫生同居生子外，又同時另外交了多位男友，因戊土七殺為用神故其同居男友在金錢上供應不匱乏。

坤造命：

八字

戊寅　紅艷

丙辰

丙子

戊戌

虛歲	4	14	24	34	44	54	64
大運	乙卯	甲寅	癸丑	壬子	辛亥	庚戌	己酉

分析：

此造：

丙火日生辰月，癸水司令。身弱食傷重，取印為用，夫宮子辰合，而年月寅辰暗拱卯木，寅為紅艷，卯為沐浴桃花三會局，故此造命主在婚後偷漢子。

此命主之所以偷人，為紅艷桃花沐浴會局而夫宮及夫星合的關係。命中食傷重或金水重者多情多慾。

坤造命：

八字

壬寅　貴人

乙巳

辛酉　紅艷

庚寅　貴人

虛歲	6	16	26	36	46	56	66
大運	甲辰	癸卯	壬寅	辛丑	庚子	己亥	戊戌

分析：

此造：

辛金日元生巳月，丙火司令。身強財官旺，月支巳中丙火正官逢刑又逢合，日支酉金紅艷與正官合，貴人逢刑悖雜不清，地支三丙暗合日主辛金，故命主婚後又在外與人同居生子。此造官星與日主多合故本身淫亂，貴人太多女命多不貞。

坤造命：

八字

癸巳

癸亥

癸未

甲子

虛歲	8	18	28	38	48	58	68
大運	甲子	乙丑	丙寅	丁卯	戊辰	己巳	庚午

分析：

此造：

癸水日元冬生亥月，壬水司令。水勢寒凍，必取火調候，但此造水蕩必先取土止水，此造丙戌深藏，雖夫官未土坐守，然亥未拱卯木，卯為貴人，貴人暗合故命主在乙丑運時便與人同居，因丑與局中亥子會成水局而丑中有己土七殺偏夫，直到丁卯大運與夫宮三合，其同居人才與妻離婚而與命主結婚。

坤造命：

八字

癸卯

甲寅

乙巳

庚辰

虛歲	2	12	22	32	42	52	62
大運	乙卯	丙辰	丁巳	戊午	己未	庚申	辛酉

分析：

此造：

乙木日元生寅月，甲木司令，地支全寅卯辰東方木局，夫宮有刑，時上庚金正官合日主命主從巳運起便一直與人同居至今。地支會局或合局者，若非早婚便很有可能與人同居。

又此命局大運一路走南方火地，故一直與人同居，直到去年同居人才與元配離婚而與此命主辦結婚登記。

坤造命：

八字

甲辰

丙寅　沐浴

癸卯　貴人

丁巳　貴人

虛歲	4	14	24	34	44	54	64
大運	乙丑	甲子	癸亥	壬戌	辛酉	庚申	己未

分析：

此造：

癸水日生木月，甲木司令。地支寅卯辰東方木，身弱無源，格成從兒故命主出身富家，惜大運一路行金水西北之地，命格由成轉敗。

因此命主情性古怪，前後曾與兩位男人同居過，但最後卻也不了了之。女命貴人太多格局多合，最嚴重是夫星亦合在其中最是悲慘。

六、娶妾

娶妾命造與離婚再娶的命格有所不同，構成乾造男命娶妾的條件，需身旺財旺或身雖弱有印無傷，而食傷旺者又或弱從財者，或身強食傷旺者，又身弱從兒格者，或地支夫妻宮拱會財局或桃花沐浴貴人多者，而妻宮有合財者或日主與財爭合者，或雖身弱有印而財旺者，或身旺而財有合者，而命局中財多合者，皆有構成娶妾的條件。而財雙透者也可能有娶妾的情況。

乾造命：

八字

庚辰 紅艷
壬午
戊申
壬子

虛歲	2	12	22	32	42	52	62
大運	癸未	甲申	乙酉	丙戌	丁亥	戊子	己丑

分析：

此造：

戊土日元生午月，丁火司權。支全申子辰三合紅艷局，月時雙透壬水偏財，全局財旺者身弱雖有月支午火正印生扶，但被強水剋住，豈有真福，但此人卻娶雙妻，為何呢？

因大運行丙戌丁火土大運助身，且丁火運與壬水雙合，故娶雙妻。

乾造命：

八字

壬戌

丙午

壬戌

丙午

虛歲	6	16	26	36	46	56	66
大運	丁未	戊申	己酉	庚戌	辛亥	壬子	癸丑

分析：

此造：

壬水日元，生午火月，丁火司令。全局氣聚火土，當以從格論，妻宮午戌合財局且丙火偏財雙透，故為人風流享齊人之福，可惜一生走金水背運。

此造雖身弱但因從財故可娶雙妻，若非從財則無此應也。所謂男命從財必多妻。正是此造之寫照也。

乾造命：

八字

甲子 祿神

丁卯 貴人

癸巳 貴人

乙巳 貴人

虛歲	7	17	27	37	47	57	67
大運	戊辰	己巳	庚午	辛未	壬申	癸酉	甲戌

分析：

此造：

癸水日元生卯月，甲木司令。雖有年支子水相助，但子卯刑，日元無氣，氣聚木火當論從兒，所謂從兒又見兒大富又大貴，故此造在四十七歲前獲大利，四十八之後兵敗如山倒。

此造命主娶三妻，因假從兒格之故。之所以在四十八之後大敗，因大運行金水之故，從格還魂必大凶。

乾造命：

八字

丁卯　沐浴

己酉　貴人

丙寅　紅艷

己丑

虛歲	8	18	28	38	48	58	68
大運	戊申	丁未	丙午	乙巳	甲辰	癸卯	壬寅

分析：

此造：

丙火日元生酉月，辛金司令。身弱用印貴人沐浴逢沖，幸日支寅木無傷，局中食傷旺，故娶一妻一妾，大運於辰運中流年辛酉身亡，因辰運與局中寅卯會成木局卻逢流年辛酉旺財損印故亡。

男命食傷旺生財與女命財旺生官一般，皆多妻多夫之命局。

乾造命：

八字

丙子

庚子

丁丑

庚戌

虛歲	6	16	26	36	46	56	66
大運	辛丑	壬寅	癸卯	甲辰	乙巳	丙午	丁未

分析：

此造：

丁火日元生冬子月，壬水司令。雖年干丙火助身但丙丁虛火無根，局中不見明印扶身，當以從格論之，但妻宮有刑有合，而正財雙透，故娶二妻，然此造大運行木火東南之地，從格還魂實不宜也。

人命中身弱而財旺者多妻，將勞心又勞力。非真福也。

乾造命：

八字

丁酉

庚戌

戊辰　紅艷

辛酉

虛歲	6	16	26	36	46	56	66
大運	己酉	戊申	丁未	丙午	乙巳	甲辰	癸卯

分析：

此造：

戊土日秋生戌月，丁火司令。但日月支辰戌沖土根動，幸年上丁火生扶，可是丁火無木相助火焰不久長，局見四金食傷洩氣重，而日支紅艷逢沖又逢合，身弱食傷重而有印主多妻，命主於午運中離又結，且同時與數女同居。

此造所以多妻，因大運木火扶身，否則望梅解渴矣。

乾造命：

八字

丙申

丁酉　桃花

戊寅

辛酉　桃花

虛歲	6	16	26	36	46	56	66
大運	戊戌	己亥	庚子	辛丑	壬寅	癸卯	甲辰

分析：

此造：

戊土日元秋生酉月，辛金司令。全局四金洩日元之氣過重，必權取丙丁火來生扶日元，更喜大運一路行水木之地，故命主早年即嶄露頭角，行至木運時已升至一級上將，共娶一妻二妾，家庭卻也能和諧，且妻妾相處和樂融洽，食傷重者暗生財且地支桃花多，故多妻。

乾造命：

八字

甲辰

甲戌

丙申

甲午

虛歲	3	13	23	33	43	53	63
大運	乙亥	丙子	丁丑	戊寅	己卯	庚辰	辛巳

分析：

此造：

丙火日元生戌月，辛金司令。通根氣在時支，又得天干三甲生扶，日元之氣渾厚，九月戌土逢辰而沖則土氣散，幸日支申金偏財藏，壬水七殺可以制伏午中丁火。使日元之氣純而不雜，辰中癸水因辰戌沖而受傷故此造命主不愛正財妻而只愛偏財妾，因偏財坐守而辛金正財受沖剋，早行北方水運，曾為一國大代表。如今夫妻貌合神離，正妻雖美而不愛反愛妾。日月支申戌暗拱酉桃花暗藏凶禍。

乾造命：

八字

辛卯

癸巳

戊申

癸丑

虛歲	1	11	21	31	41	51	61
大運	壬辰	辛卯	庚寅	己丑	戊子	丁亥	丙戌

分析：

此造：

戊土日元生巳月，丙火司令。金水財官旺而身弱取月支巳中丙火為用生扶日元，可惜巳申刑合，用神無力，此造癸水正財雙透爭合日主，故娶一妻一妾，大運己丑，流年甲子天地合土，土旺則剋水，三十三歲時妾先去世，又於丙寅流年三十五歲時妻亦去世。妻妾所以雙亡，因大運己土剋癸水之故。且甲子流年甲與己合剋癸，子與丑合入庫故妾亡，丙寅流年寅巳申刑妻宮故正妻亡。

七、落紅塵

女命身旺無官殺者，或身旺官殺輕者，而身弱官殺反重者以及身弱食傷重者，或官殺逢剋制者，或從兒格者，或支會貴人桃花者而桃花貴人有合者，以及官殺有刑剋者，或官殺有會合者，或大運與命局會合桃花貴人者，皆有落紅塵的遭遇與命運，而貴人桃花有刑剋者亦然。

坤造命：

八字

丁酉　貴人

甲辰

丁丑

丙午　桃花

虛歲	11	21	31	41	51	61	71
大運	乙巳	丙午	丁未	戊申	己酉	庚戌	辛亥

分析：

此造：

丁火日元生辰月，戊土司令。辰丑洩火氣，但身主得甲丁丙午之助，日元不弱，雖食傷洩秀生財，官殺卻藏於辰丑之中，年月辰酉貴人合，日時丑午桃花破，福祿減半，早入紅塵乃因身旺官殺輕之故。

是命是運是因果呢？能怨誰怪誰呢？

坤造命：

八字

丙戌

戊戌

乙丑

丙戌

虛歲	4	14	24	34	44	54	64
大運	丁酉	丙申	乙未	甲午	癸巳	壬辰	辛卯

分析：

此造：

乙木日戌月，丁火司令。穴結火土，當論從財，雖從財可惜辛金七殺深藏地支丑戌之中，旺財暗生官，且夫官逢刑沖故落紅塵，雖財運佳但婚姻不美，於辛未流年被倒數佰萬元，因丑未戌三刑財傷之故，身弱從兒而夫宮有刑傷故落紅塵。

坤造命：

八字

辛丑　貴人

己亥

甲子　沐浴

丙寅

虛歲	4	14	24	34	44	54	64
大運	庚子	己亥	戊戌	丁酉	丙申	乙未	甲午

分析：

此造：

甲木日主冬生亥月，壬水司令。地支三會亥子丑北方水局，年上辛金正官雖有財生而時上丙火食神又可生財，但因地支桃花貴人三會，故命雖不差但紅顏命薄落紅塵，貴人桃花不可多合，否則難逃落紅塵的命運。

坤造命：

八字

壬寅

戊申

壬寅

癸卯

貴人（壬寅）

桃花（癸卯）

虛歲	9	19	29	39	49	59	69
大運	丁未	丙午	乙巳	甲辰	癸卯	壬寅	辛丑

分析：

此造：

壬水日元秋生申月，庚金司令。身強殺輕，月干戊土七殺無財滋扶而夫宮又逢沖，早運雖行南方火財，可惜被旺水所制故落紅塵，女命身強官殺輕食傷重者，難逃落紅塵命格。

坤造命：

八字

戊戌

丙辰

丁巳

甲辰

虛歲	3	13	23	33	43	53	63
大運	乙卯	甲寅	癸丑	壬子	辛亥	庚戌	己酉

分析：

此造：

丁火日元生辰月，乙木司令。食傷洩氣重，夫星官殺藏於墓庫之中，大運入寅與夫宮巳火刑而落紅塵之中，而大運入於癸便與人同居，此造正符合，食傷重官殺輕女命入紅塵的結構命局。

坤造命：

八字

癸巳

乙卯

己未

乙丑

虛歲	10	20	30	40	50	60	70
大運	丙辰	丁巳	戊午	己未	庚申	辛酉	壬戌

分析：

此造：

己土日元生卯月，甲木司令。月日支見卯未合，日時支見丑未沖，而乙木七殺雙透，可謂身弱殺旺，夫宮逢沖逢合，沖合並見，在大運戊午時成為一地下酒女，因午火為命主的桃花而午火桃花與年日支巳未會成火局為桃花三會故落紅塵。

坤造命：

八字

癸未　紅艷
甲子　桃花
丁未　紅艷
丁未　紅艷

虛歲	8	18	28	38	48	58	68
大運	乙丑	丙寅	丁卯	戊辰	己巳	庚午	辛未

分析：

此造：

丁火日元冬生子月，壬水司令。官殺混雜且地支三未洩火日元弱，幸有月干甲木可以化殺生身，可惜食傷三見且未子穿破，紅艷桃花穿破且旺土剋水無金轉化誠可惜也。故此造在中年時先生事業失敗而至日本賣春。所謂時也運也命也，非我之所能也。

八、──晚婚或不婚

女命官殺虛浮而無財，貴人多夫宮又逢刑，或官殺入墓庫者，或行運不利於官殺者，或雖身弱從勢但官殺被剋太過者，或夫宮暗會貴人桃花者，或雖官殺為用而被剋者，或官殺逢合而化者，皆有晚婚或不婚之兆。

男命以財論妻，亦可以用神作妻論，然正偏財或用神有傷者，或桃花逢沖，或財星被爭合者，而身弱財旺印星無力者，或用神不明者，皆為晚婚或不婚之象。

坤造命：

八字

癸巳

己未　貴人

戊辰　紅艷

辛酉

虛歲	9	19	29	39	49	59	69
大運	庚申	辛酉	壬戌	癸亥	甲子	乙丑	丙寅

分析：

此造：

戊土日元生未月，乙木司令。身強喜食傷生財，然年上癸水正財被月干己土所剋，生官之財破矣，乙木正官藏於墓庫，而年月巳未暗會午火貴人，女命貴人多合不吉，且日時辰酉為紅艷合，處處皆顯示不利早婚，故命主癸亥運時還小姑獨處，今入甲子運，或有姻緣。

坤造命：

八字

己亥

丁卯

戊申

丙辰

虛歲	4	14	24	34	44	54	64
大運	戊辰	己巳	庚午	辛未	壬申	癸酉	甲戌

分析：

此造：

戊土日元生卯月，甲木司令。局中三土二火，日元健旺，日時申辰合，年日亥卯合，為人多情，日支傷官食神坐守自不利早婚，故此造命主至今未婚，日主強而官弱，大運行火運，運干庚辛金食傷剋官殺故良緣未得，接下壬申癸酉，水雖可生木卻被火土所制，是以此造因立志修行，恐一生不婚也。

坤造命：

八字

戊子

乙卯　貴人

癸巳　貴人

丁巳　貴人

虛歲	2	12	22	32	42	52	62
大運	甲寅	癸丑	壬子	辛亥	庚戌	己酉	戊申

分析：

此造：

癸水日主春生卯月，甲木司令。全局洩盜剋重，雖年支有子水相助，但子逢卯刑又被戊土蓋頭剋合，必以從格論之，年上戊土正官，被司令甲木及乙卯旺木緊貼剋住，且三見貴人故不可早婚，況且大運一路行金水返背之運，故命主至今良緣難尋。身弱無印，財官自是難任。

坤造命：

八字

己丑

丁丑

丁巳

甲辰

虛歲	5	15	25	35	45	55	65
大運	戊寅	己卯	庚辰	辛巳	壬午	癸未	甲申

分析：

此造：

丁火日主冬生丑月，己土司令。日主雖不弱但食傷洩氣亦重，月日支巳丑暗合酉金貴人，且官殺暗藏庫中自不可早婚，此造命主至辛巳運未婚，並決定不嫁了，大運至壬癸二運似乎有機會，但壬逢丁合且為爭合，而癸遇己土而剋，實難矣。且此造巳丑暗會酉金貴人，更不利婚姻了，且此合乃在夫宮實不利也。

坤造命：

八字

己酉

乙亥

癸巳　貴人

癸亥

虛歲	9	19	29	39	49	59	69
大運	丙子	丁丑	戊寅	己卯	庚辰	辛巳	壬午

分析：

此造：

癸水日元冬生亥月，甲木司令。金水寒冷，年上己土七殺欲止水反被乙木所傷，日支巳火貴人左右逢沖，財官喜用俱傷故不可早婚，大運今在戊寅，戊土逢司令甲木所剋，寅與夫宮巳刑，故此造命主至今依然尚未出嫁。女命官藏殺露者不可早婚。

坤造命：

八字

戊戌

丙辰

壬戌

丙午

虛歲	4	14	24	34	44	54	64
大運	乙卯	甲寅	癸丑	壬子	辛亥	庚戌	己酉

分析：

此造：

壬水日元生辰月，雖癸水司令，然辰戌沖癸水傷矣，全局氣結在火土故以從格論之，格雖從財殺，但殺入墓庫，而且大運行金水反背，故命主至今未婚，空閨獨守。

此造亦身弱無印難任財官之局。且夫宮辰沖戌且日月柱丙辰與壬戌為天地沖剋不祥也。此造亦從勢而官殺沖剋太過，不宜早婚之印證實例也。

坤造命：

八字

壬寅

己酉

己未

戊辰

虛歲	4	14	24	34	44	54	64
大運	戊申	丁未	丙午	乙巳	甲辰	癸卯	壬寅

分析：

此造：

己土日元生酉月，庚金司令。身強喜食傷生財，年支寅中甲木正官本可疏旺土可惜逢庚金司令木被金剋破，雖大運丙午可剋金救木，但旺火亦可洩木轉生土，而乙巳運乙木七殺似可制己土有機會成婚，但乙逢庚剋合，故命主至今未婚。

官殺無力逢食傷緊貼相剋者，似乎都應晚婚。

坤造命：

八字

癸巳

甲子

戊申

己未

虛歲	6	16	26	36	46	56	66
大運	乙丑	丙寅	丁卯	戊辰	己巳	庚午	辛未

分析：

此造：

戊土日元冬生子月，金水陰寒，土必潮溼，最喜火來調候，然年支巳火被年干癸水蓋頭剋又被月支子水破，月干甲木七殺被時干己土合，喜用無力，雖人緣佳但命主至今依然未婚，身強官殺無力，故晚婚宜矣。此造亦官藏殺露，不可早婚之例證。

坤造命：

八字

癸丑

乙丑

辛亥　沐浴

癸巳

虛歲	9	19	29	39	49	59	69
大運	丙寅	丁卯	戊辰	己巳	庚午	辛未	壬申

分析：

此造：

辛金日元冬生丑月，癸水司令。亥丑拱子水會成北方水局，且亥為沐浴，地支三會沐浴且時支巳火正官逢沖，實不宜早婚。

此造夫宮與夫星皆互相沖動故至今未婚，實有其道理也，女命食傷坐守夫宮者較不利婚姻，況此造食傷太旺，月干乙木偏財為小草又為溼木，如何有力生火呢？

坤造命：

八字

丙子

辛丑

辛酉（紅艷、桃花）

癸巳

虛歲	11	21	31	41	51	61	71
大運	庚子	己亥	戊戌	丁酉	丙申	乙未	甲午

分析：

此造：

辛金日元冬生丑月，己土司令。支全巳酉丑三合金局，且為桃花紅艷三合，金強食傷洩秀，但年上丙火正官逢辛合，時支巳火亦被合，而火無財木來相生，財官無力，故命主一直在都還沒有結婚。

女命桃花紅艷沐浴貴人三合或三會者皆不宜早婚也。

坤造命：

八字

壬辰

甲辰

丁亥　貴人

丁未　紅艷

虛歲	3	13	23	33	43	53	63
大運	癸卯	壬寅	辛丑	庚子	己亥	戊戌	丁酉

分析：

此造：

丁火月元生辰月，乙木司令。地支三土，局見二水，水土剋洩太過，取甲木正印為用，日時夫宮亥未貴人紅艷暗合卯木又無金來生水，且壬水正官與丁火爭合，皆不利早婚，故命主至今良人未得也。

坤造命：

八字

壬子

癸卯 沐浴

戊戌

戊午

虛歲	2	12	22	32	42	52	62
大運	壬寅	辛丑	庚子	己亥	戊戌	丁酉	丙申

分析：

此造：

戊土日元生卯月，甲木司令。財殺兩旺，以印化殺，地支子卯沐浴逢刑，夫宮午戌逢合用神被合入墓庫，大運在庚子，庚金洩日元土氣以生水，而子水沖用神午火，且又與卯木正官刑，故命主至今尚未成婚。

月支卯木正官與夫宮戌合，正官坐沐浴又被合入墓庫，自不可早婚。

坤造命：

八字

丁未　甲辰　己巳　辛未

虛歲	1	11	21	31	41	51	61
大運	乙巳	丙午	丁未	戊申	己酉	庚戌	辛亥

分析：

此造：

己土日元生辰月，戊土司令。身主火土健旺，月干甲木正官與日主己土合而化土，為化氣格，可惜癸水藏庫不能生官，官合而化故命主至今未婚，且也決定不嫁已領養一名小孩，官從合而化等於無官，故不婚宜也。

坤造命：

八字

辛丑　貴人

壬辰

庚辰

庚辰

虛歲	7	17	27	37	47	57	67
大運	癸巳	甲午	乙未	丙申	丁酉	戊戌	己亥

分析：

此造：

庚金日元生辰月，癸水司令。身強印重，雖食傷洩秀，但貴人辰丑逢三破，夫宮伏吟且局中夫星不見而食傷高透自不可早婚，命也運也，若能多造善業，命或可移也。印重食傷透者故命主至今未婚，此種結構晚婚宜也。

乾造命：

八字

辛丑

庚寅

壬辰

壬寅

虛歲	9	19	29	39	49	59	69
大運	己丑	戊子	丁亥	丙戌	乙酉	甲申	癸未

分析：

此造：

壬水日元生寅月，甲木司令。食傷洩秀，可惜丙火偏財藏於支中，且司令甲木逢月干庚金蓋頭蓋下，喜用無力，大運雖行丙丁但皆遭剋合，且妻宮又坐墓庫，故不可早婚，因此命主至今依然王老五一人獨過。

乾造命：

八字

辛卯

辛丑

丙子　桃花

甲午

虛歲	9	19	29	39	49	59	69
大運	庚子	己亥	戊戌	丁酉	丙申	乙未	甲午

分析：

此造：

丙火日元冬生丑月，己土司令。子丑合，子午沖，沖則桃花散，日主丙火雖通根在時支午火，但沖則火苗不穩且年月雙透辛金正財，本當早婚，但此造身弱以印作妻論時干甲木逢辛剋，年支卯木亦被辛蓋頭剋反不宜早婚。

大運己亥，甲逢己合，亥與子丑會，戊戌支刑且洩日元之氣故至今未婚。

乾造命：

八字

癸卯

辛酉

庚辰

壬午

虛歲	9	19	29	39	49	59	69
大運	庚申	己未	戊午	丁巳	丙辰	乙卯	甲寅

分析：

此造：

庚金日元秋生酉月，辛金司令。身強喜財官，時支午火正官，被壬水蓋頭力不足煉金，以年支卯木生火但卯逢酉沖，最是不想看到的結局。

妻宮坐墓庫，正財逢沖，是以命主至今寡人一個，欲覓良緣而不可得，戊己二運土剋癸壬水源阻斷，丁巳大運丁逢壬癸剋巳，則與酉合剋卯更是不可得。

乾造命：

八字

甲戌

己巳

甲辰

癸酉

虛歲	3	13	23	33	43	53	63
大運	庚午	辛未	壬申	癸酉	甲戌	乙亥	丙子

分析：

此造：

甲木日元生巳月，丙火司令。火土旺而身弱，時干雖透癸水扶身，但被月干己土所剋，而月干己土正財與年日甲木爭合而運走金水，命格不惡卻心不思婚。

此造為一經濟博士，卻是晚婚，直到乙亥大運，方結良緣。此造所以晚婚為財星爭合，且妻宮坐墓庫故晚婚。

乾造命：

八字

丁酉　沐浴

丁未

壬辰

己酉　沐浴

虛歲	5	15	25	35	45	55	65
大運	丙午	乙巳	甲辰	癸卯	壬寅	辛丑	庚子

分析：

此造：

壬水日元生未月，乙木司令。火土旺而身弱，年月丁火正財雙透而與日主爭合，年時支酉金正印生扶日元，但被日支合入庫中，沐浴逢合入墓庫財又爭合，故不可早婚。

此造火氣洩於土，故運行木來生火方美，乙巳大運乙木雖可生火，但爭合之火不受木生，巳與酉合故至今未婚。

乾造命：

八字

戊申

乙丑

乙巳　沐浴

癸未

虛歲	2	12	22	32	42	52	62
大運	丙寅	丁卯	戊辰	己巳	庚午	辛未	壬申

分析：

此造：

乙木日元冬生丑月，己土司令。日月支巳丑拱合酉金，日時巳未支會午火沐浴被合才庫，且財旺身弱不可早婚。

此造身弱用印，時上癸水偏印，坐墓庫，生身乏力，故命主至今未婚，欲求良緣必待庚運。

此造雖有月干乙木幫身疏土，可惜巳丑拱合酉中辛金剋乙，故喜用無力。

乾造命：

八字

丙午　紅艷

辛卯　桃花

甲子　沐浴

癸酉

虛歲	11	21	31	41	51	61	71
大運	壬辰	癸巳	甲午	乙未	丙申	丁酉	戊戌

分析：

此造：

甲木日元春生卯月，甲木司令。日元中和，用辛金正官為用則逢丙合制，用丙火洩身則逢辛合，且地支子午卯酉四桃花齊，桃花，沐浴，紅艷皆被刑破，故早婚不宜，因此命主至今未婚。

此造所以晚婚為財星不現及夫妻宮刑害且用神不明之故。

九、出牆

女命身強官殺弱者易欺夫，身強食傷重者官殺又逢沖者，另身強官殺旺又透干者，而身強用官殺逢剋制，且夫宮又左右逢合者，地支紅豔、沐浴、桃花多有合者，而貴人多有合或有刑剋者，女命皆容易有出牆的行為出現。

官殺多合者亦然，驛馬遇紅艷主私奔，而驛馬與沐浴或桃花紅艷同宮而逢沖者為情走天涯。

坤造命：

八字

壬寅　貴人
乙巳
辛酉　紅艷
庚寅　貴人

虛歲	6	16	26	36	46	56	66
大運	甲辰	癸卯	壬寅	辛丑	庚子	己亥	戊戌

分析：

此造：

辛金日元夏生巳月，丙火司令。正官司權，身強喜財官，此造正所謂真神得用，可惜巳與夫官酉合，酉為紅艷，紅艷合者少貞節，而年月支寅巳刑，寅為貴人，貴人二位又逢刑，不貞之兆已現，且地支暗合日主，故命主在婚後又與人同居生子，官星多合主淫亂。

坤造命：

八字

戊寅　紅艷

丙辰

丙子

戊戌

虛歲	4	14	24	34	44	54	64
大運	乙卯	甲寅	癸丑	壬子	辛亥	庚戌	己酉

分析：

此造：

丙火日元生辰月，癸水司令。正官司權，身雖有月天丙火幫身，但局中四土洩火，身弱用印，夫宮逢合，而年支寅木紅艷與月干辰拱卯木而卯木為沐浴桃花，沐浴桃花紅艷三會女命不貞，且食傷重無財通關，官殺被剋太重不宜也，故此造命主在婚後偷人。

坤造命：

八字

壬子　紅艷
壬寅　驛馬
壬子　紅艷
壬寅　驛馬

虛歲	1	11	21	31	41	51	61
大運	辛丑	庚子	己亥	戊戌	丁酉	丙申	乙未

分析：

此造：

壬水日元春生寅木月，戊土司令。身強真神得用，可惜食傷洩秀無財通關，夫星傷矣。

此造地支紅艷遇驛馬主有私情，故命主婚姻第一次離，第二次死別，第三次紅杏出牆與情夫私奔，日主旺官殺弱者，婚姻難白頭。

坤造命：

八字

甲午

丙子

丁未 紅艷

甲辰

虛歲	4	14	24	34	44	54	64
大運	乙亥	甲戌	癸酉	壬申	辛未	庚午	己巳

分析：

此造：

丁火日元冬生子月，癸水司令。此造木火兩旺，日主身強，真神得用，可惜子水偏夫被夫宮未土紅艷穿破，且又被年支旺火沖，最可惜沒有金來生水。

此造在戌運壬子流年結婚，卻於丁巳流年與情夫私奔，流年丁巳之巳與局中午未三會羊刃紅艷，故有外情發生。

坤造命：

八字

己酉

癸酉

辛亥（驛馬、沐浴）

癸巳

虛歲	3	13	23	33	43	53	63
大運	甲戌	乙亥	丙子	丁丑	戊寅	己卯	庚辰

分析：

此造：

辛金日元生酉月辛金司令。為建祿，建祿格最喜財官，但時支巳火逢亥沖，財官破格，而夫宮驛馬沐浴逢沖，恐為情走天涯，故此造命主於結婚後因先生好賭，而在外另結新歡。吾力勸本人希終止不正常的婚外情，否則對自己將造成莫大的不利與傷害。

坤造命：

八字

丙子　紅艷

戊戌

壬申

己酉　沐浴　桃花

虛歲	4	14	24	34	44	54	64
大運	丁酉	丙申	乙未	甲午	癸巳	壬辰	辛卯

分析：

此造：

壬水日主秋生戌月，丁火司令。地支沐浴桃花三會申酉戌，財官旺而身亦不弱。

此造官殺齊透而無食傷制伏故為人大方，身強足以任財官，官殺齊透公然出牆，此造因沐浴桃花三會，故才會如此大膽，這也是女命最不願看到的結局。

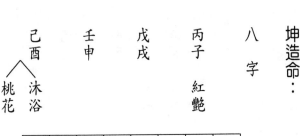

坤造命：

八字

壬辰

丁未

乙丑　貴人

癸未

虛歲	5	15	25	35	45	55	65
大運	丙午	乙巳	甲辰	癸卯	壬寅	辛丑	庚子

分析：

此造：

乙木日元夏生未月，乙木司令。地支四土取司令乙木幫身疏土，雖月干丁火洩木生土幸年干壬水合制丁火，使火不生土。

但此造夫宮左右逢沖，貴人沖則散，身弱喜印亦喜官來生印局中無金生水，幸大運乙巳，巳與夫宮丑拱酉生水，於己酉流年結婚，爾後卻背夫出牆。

十、重婚

女命夫宮逢合而夫星又逢剋者，易有重婚現象，重婚者命造與離婚及喪偶命造近似，但重婚命造乃在大運的轉變，若離婚後的大運又行官殺或正偏財運或生用神之運者，皆有可能在離婚後再婚。

而女命局中七殺顯而正官隱者，易重婚。

男命與女命類似，喜用若傷或財星有傷者，易有喪偶離婚及重婚的現象，而欲得重婚必要大運的行運過程中有生扶財星或用神的情形，方得以有重婚可能。

另男命局中只有偏財而無正財者或正財有傷者更有重婚的可能。

坤造命：

八字

癸未

甲寅　紅艷

丙申

甲午

虛歲	9	19	29	39	49	59	69
大運	乙卯	丙辰	丁巳	戊午	己未	庚申	辛酉

分析：

此造：

丙火日元春生寅月，戊土司令。身主通根又得三印生扶身強印重，年上癸水正官被洩太過，雖日支申金可生水，但申逢寅沖，紅艷逢沖散，自是不利婚姻。

故此造命主在辰運結婚，但在巳運流年庚申離婚，因巳見寅申三刑故離，隨後再嫁仍難美滿。

坤造命：

八字

戊戌

乙卯

辛亥

己丑

虛歲	1	11	21	31	41	51	61
大運	甲寅	癸丑	壬子	辛亥	庚戌	己酉	戊申

分析：

此造：

辛金日元春生卯月，乙木司令。日支亥水傷官生財，財氣不弱，但年時皆土正偏印重，生扶日元太過，取財去印為用，此造丁火七殺藏於戌中，大運雖一路行生財之地，但此造命主卻於喪夫後再嫁，但好景不常，不久又告仳離。

坤造命：

八字

乙酉

己卯

庚辰

丙子

虛歲	9	19	29	39	49	59	69
大運	庚辰	辛巳	壬午	癸未	甲申	乙酉	丙戌

分析：

此造：

庚金日主春生卯月，甲木司令。此造身強財弱，取時上丙火七殺為用，但丙火坐子水乃虛火，雖年上乙木可疏土生火但坐下酉金截腳，且年月支卯酉沖，財殺力弱，大運在巳，巳與酉合剋卯，流年壬子壬水剋丙火離婚，乙卯流年再婚，丙辰流年再離，於庚申年申見子辰合，故三度結婚，因支三合水不吉而於壬戌流年又離。

因大運壬午與時柱丙子沖剋故多結多離。

坤造命：

八字

戊戌

甲子

戊寅

乙卯

虛歲	8	18	28	38	48	58	68
大運	癸亥	壬戌	辛酉	庚申	己未	戊午	丁巳

分析：

此造：

戊土日元冬生子月，癸水司令。財官殺旺而身弱，必以印為用，或取食傷制殺，此造於壬戌大運之乙卯流年結婚，於庚申流年沖剋夫宮喪夫，辛酉流年再嫁，甲子流年又離，此皆因身弱而財官難任之故。雖運行食傷卻猶如身陷流沙，愈陷愈深而難以自拔。

乾造命：

八字

癸卯

辛酉

癸亥

甲子

虛歲	4	14	24	34	44	54	64
大運	庚申	己未	戊午	丁巳	丙辰	乙卯	甲寅

分析：

此造：

癸水日元秋生酉月，辛金司令。金水旺時干甲木逢辛剋，年支卯木逢酉沖，食傷本欲洩秀卻被印傷，最可惜者丙丁財星不出，故此造在戊午大運時午逢子沖，故離婚。

今大運在丁巳，已再婚，但丁巳與日柱癸亥天地沖剋，第二次婚姻可保否？

乾造命：

八字

乙酉

戊子

甲寅

戊辰

虛歲	3	13	23	33	43	53	63
大運	丁亥	丙戌	乙酉	甲申	癸未	壬午	辛巳

分析：

此造：

甲木日元冬生子月壬水司令。水木寒凍月時雙透戊土偏財，月時支寅辰拱夾卯木身強財弱，無火生財，妻緣薄，故此造命主已兩度婚姻。

此造財星無緣必多結多離之命造。況大運行金水之地，若欲覓良緣，恐白費心機。

乾造命：

八字

辛未

庚子

辛酉

壬辰

虛歲	9	19	29	39	49	59	69
大運	己亥	戊戌	丁酉	丙申	乙未	甲午	癸巳

分析：

此造：

辛金日元冬生子月，癸水司令。金冷水寒必待火出才可得暖，然丙丁不見，唯丁火暗藏年支未土之中，且又無木來生火，乙木財星亦藏庫中，且七殺亦藏故正妻無子，而於丙申運中離婚再娶，只一子為填房所生。

因局中無正財，故與正妻無緣，是以才會離婚再娶。

乾造命：

八字
戊子
癸亥
庚申
庚辰

大運	甲子	乙丑	丙寅	丁卯	戊辰	己巳	庚午
虛歲	3	13	23	33	43	53	63

分析：

此造：

庚金日元冬生亥月，壬水司令。支全申子辰水局，金寒水冷運喜木火，此造於寅運結婚只一年多亦在寅運離婚，因大運丙寅與日柱庚申天沖地剋是以離婚，而此造命主在卯運丁卯流年再婚，至辰運時又再度與妻分離。

此造正財入墓，故與正妻無緣，而偏財穿破是以填房亦離。

乾造命：

八字

丁酉

辛亥

壬寅

戊申

虛歲	7	17	27	37	47	57	67
大運	庚戌	己酉	戊申	丁未	丙午	乙巳	甲辰

分析：

此造：

壬水冬生亥月，壬水司令。金水陰寒，年上丁火調候之力不足，取日支寅洩水生火可惜寅逢申而沖，喜用無力且妻宮逢沖，而寅中丙火偏財坐守與正妻緣薄，故命主在戊運流年甲子結婚，在丙寅流年離婚，因大運與流年沖，又與妻宮沖，故離婚，在丁運時再與一女同居生子後又分手。

十一、雜論——好賭

命中食傷過旺或財逢比劫或財無官護者，不分男女有好賭而壞婚姻的傾向，是故命局有這樣的結構者，應善自珍重，修身養性，以免誤了前程也毀了婚姻，否則只為了貪圖一時的慾望，而斷送美好的人生，將會因小而失大。

格言：

自己的命運，要靠自己開創。

對於虛偽詐欺，必須絕對加以摒拒。

坤造命：

八字

戊子
庚申
辛巳
丁酉

虛歲	7	17	27	37	47	57	67
大運	己未	戊午	丁巳	丙辰	乙卯	甲寅	癸丑

分析：

此造：

辛金日元秋生申月，庚金司令。身強官殺弱，雖欲以官殺降伏其身，但官殺無財生扶，又被旺食所傷，唯待運助方可振作，身旺無財，喜財而無財，為人好賭，官殺逢制婚姻不美。

古今中外，因賭招禍者多矣，豈可不戒慎哉。

坤造命：

八字

己丑

甲戌

甲午

丁卯

虛歲	3	13	23	33	43	53	63
大運	乙亥	丙子	丁丑	戊寅	己卯	庚辰	辛巳

分析：

此造：

甲木日元秋生戌月，戊土司令。年月甲己合土，丑戌刑，日月午戌合，日時午卯破，全局刑破合過重且火土旺，身弱無印生扶日元，身弱而財旺者慾望也重，為人好賭，不能克制，愈陷愈深，難以自拔，以致負債累累，苦不勝言。

乾造命：

八字

庚子

戊寅

庚辰

乙酉

虛歲	5	15	25	35	45	55	65
大運	己卯	庚辰	辛巳	壬午	癸未	甲申	乙酉

分析：

此造：

庚金日元生寅月，甲木司令。身強財弱雖年支子水欲生甲木，可惜月干戊土合子中癸水，且司令甲木被年上庚金剋破，此造為身旺財弱，時上雖透乙木正財，可惜乙逢庚合，故命主常因好賭而導致夫妻失和，已幾近離婚邊緣。賭之一字果害人匪淺，吾人能不深思耶。

乾造命：

八字

戊戌
丁巳
丙辰
壬戌

虛歲	9	19	29	39	49	59	69
大運	戊午	己未	庚申	辛酉	壬戌	癸亥	甲子

分析：

此造：

丙火日元生巳月，戊土司令。火炎土燥，時上壬水調候，惜水無金發源難成遠流。且此造火雖旺但食傷洩氣太重，故為人好賭而致傾盡家產，老婆一氣之下亦在壬午年底離家，至今未回。

古有明訓：「十賭九輸」，實至理名言，然而言者鑿鑿，聽者杳杳，等悲劇發生，後悔莫及也。

乾造命：

八字

戊戌

辛酉

丙午

己亥

虛歲	5	15	25	35	45	55	65
大運	壬戌	癸亥	甲子	乙丑	丙寅	丁卯	戊辰

分析：

此造：

丙午日元秋生酉月，辛金司令。全局食傷洩重，身弱食傷重多慾，命局喜印生助，妻宮坐午火能得賢妻。

開計程車為業，妻子做美容賺錢貼補家計，無如命主好賭喜簽六合彩，凡是對輸贏之事皆大有興趣，有錢不賭光絕不罷手，後運佳美希回頭是岸。

乾造命：

八字

己丑

甲戌

丙子

癸巳

虛歲	3	13	23	33	43	53	63
大運	癸酉	壬申	辛未	庚午	己巳	戊辰	丁卯

分析：

此造：

丙火日元秋生戌月，辛金司令。全局洩重，取甲木偏印生扶日元，可惜甲木逢己拌合，用神無力，雖官印相生服務於公家事業單位，無奈生成好賭之性，致債台高築，進退維谷。

故男命身弱而食傷重者皆有好賭之傾向。

乾造命：

八字

己亥

乙亥

庚子

乙酉

虛歲	3	13	23	33	43	53	63
大運	甲戌	癸酉	壬申	辛未	庚午	己巳	戊辰

分析：

此造：

庚金日元冬生亥月，甲木司令。金被水洩太過，身弱食傷旺生財，取年上己土正印生身，可惜己逢乙剋印星損傷，以中藥材買賣為業，但平生好賭。

故人命逢身弱食傷重，或身弱財旺，或身旺財弱者皆應以賭為戒，否則一旦染上賭癮輕者身敗名裂，重者家破人亡，可不敬慎乎？

十二、雜論——多情風流

凡命局夫宮或妻宮逢沖合者或男命入墓庫者，或女命夫宮有伏吟者且無夫星者，更甚者女命食傷多見者，皆為多情風流種，應小心謹慎方免因色情而惹禍上身。

格言：

愛不是要求對方，而是要由自身的付出。

我們最大的敵人不是別人，可能是自己。

乾造命：

八字

丙申

己亥

戊申

甲寅

虛歲	1	11	21	31	41	51	61
大運	庚子	辛丑	壬寅	癸卯	甲辰	乙巳	丙午

分析：

此造：

戊土日元冬生亥月，壬水司令。金水寒凍，時落甲寅，日柱戊申形成沖剋，妻宮逢沖，身弱食傷重取印為用，年上丙上得用故出身豪門，為人高大英俊，可惜風流多情，已有數次婚姻紀錄，現任老婆今又為其在外另有同居人而準備與之分手。

乾造命：

八字

壬寅

壬寅

丙辰

戊戌

虛歲	6	16	26	36	46	56	66
大運	癸卯	甲辰	乙巳	丙午	丁未	戊申	己酉

分析：

此造：

丙火日元生寅月，甲木司令。此造傷官見官洩重，取印為用，妻宮食傷逢沖，財星藏於庫中，出生家境好，事業有成，得天獨厚，為人風流，大運丙午支成寅午戌三合紅艷，婚姻焉有不亮紅燈之理。幸大運一路東南木火，但格局如此一妻豈能終老。

乾造命：

八字

壬申

己酉

辛卯

戊戌

虛歲	4	14	24	34	44	54	64
大運	庚戌	辛亥	壬子	癸丑	甲寅	乙卯	丙辰

分析：

此造：

辛金日元秋生酉月，辛金司令，支見申酉戌西方金局，身強財弱，妻官卯木偏財逢沖，自是不利婚姻，此造命主好色，肯為女人花錢，對自己老婆卻九牛不拔一毛，實可悲也。

此造雖生財之源被阻，年上壬水被戊己剋，幸大運一路水木，可補其不足。

乾造命：

八字

壬辰

癸丑

丙子

甲午

虛歲	4	14	24	34	44	54	64
大運	甲寅	乙卯	丙辰	丁巳	戊午	己未	庚申

分析：

此造：

丁火日主冬生丑月，己土司令。全局剋洩重，取時上甲木偏印生扶日元為用，日支妻宮逢沖逢合，且財星入墓庫，故妻緣薄，雖大運一路生扶日元，但此命主卻常流連風花雪月之地。

坤造命：

八字

乙未

己卯

丁卯

己酉

虛歲	6	16	26	36	46	56	66
大運	庚辰	辛巳	壬午	癸未	甲申	乙酉	丙戌

分析：

此造：

丁火日元春生卯月，乙木司令。日元不弱，但此造己土食神雙透洩身生財，日支夫宮卯木逢酉沖破，財印兩傷無水通關。

女命食傷重者姿色容貌皆佳，為人美麗大方，為模特兒，故拜其裙下男人無數，性慾特強，天生尤物，身旺夫星不見，婚姻難美。

坤造命：

八字

丁未　丁未　丁酉　己酉

虛歲	3	13	23	33	43	53	63
大運	戊申	己酉	庚戌	辛亥	壬子	癸丑	甲寅

分析：

此造：

丁火日元夏生未月，己土司令。食傷洩氣重，雖年月丁火幫身，但日主之氣亦太弱，女命食傷重者逞荒淫之慾，此造不見印星生扶日元，秉性多情、浪漫，伴舞為業。風情萬種，不見夫星，婚姻必晚。

女命風流皆因夫星不見食傷重，女命遇此種組合命格者當善自珍重。

坤造命：

八字

丁酉

丁未

乙巳

壬午

虛歲	3	13	23	33	43	53	63
大運	戊申	己酉	庚戌	辛亥	壬子	癸丑	甲寅

分析：

此造：

乙木日元夏生未月，己土司令。支全巳午未南方火局而丁火又雙透在年月，全局食傷重，取印為用，可惜丁逢壬合，用神無力，年支酉中辛金七殺逢旺火剋，半生情場失意。

此造命主性情浪漫，多情多慾，夫宮被合化，婚姻不會有好結果。

十三、呻吟煞——

水火蛇無婿（癸巳日）（丁巳日）

金豬豈有郎（辛亥日）

土猴常獨臥（戊申日）

木虎定居霜（甲寅日）

赤黃馬獨臥（戊午日）

黑鼠守空房（壬子日）

以上字句，乃所出生之日如遭逢是日生者，容易孤寡。

乾造命：

八字

庚子	己卯	丁巳	丁未

虛歲	3	13	23	33	43	53	63
大運	庚辰	辛巳	壬午	癸未	甲申	乙酉	丙戌

分析：

此造：

丁巳火蛇日生卯月，乙木司令。日時支巳未暗拱午火，全局木火兩旺最喜月干己土生年干庚金，似乎佳美，但己土坐卯木病位，庚金坐子水死地，喜用無力，大運行午位之時午火與局中巳未填實會成火局。

古書云：「三會羊刃因女色而惹禍。」果然命主在此運中將同居人殺死。

乾造命：

八字

戊子

戊午

癸巳

戊午

虛歲	1	11	21	31	41	51	61
大運	己未	庚申	辛酉	壬戌	癸亥	甲子	乙丑

分析：

此造：

癸巳水蛇日生夏午月，丁火司令。地支三火，日元雖通氣在年支子水，但子逢午沖根拔矣，戊癸合火生午月本論化氣，但三戊爭合，只以從論而不以化氣格論。此造大運一路行金背運，故早已離婚，如今以教舞為業，而與其所教其中之一的學生同居。

此造格局不差，可惜行運反背，故一生起落無常，隨運而走。

坤造命：

八字

辛酉

辛丑

辛亥

丁酉

虛歲	3	13	23	33	43	53	63
大運	壬寅	癸卯	甲辰	乙巳	丙午	丁未	戊申

分析：

此造：

辛亥金豬日生冬丑月，己土司令。年月丑酉合金，日月支亥丑夾會子水，金水陰寒，若時干丁火不出則以從格論，今丁火一出格變矣，以正格論，則必以木生火，可惜命局無木，亥支壬水傷官坐夫宮，丁火七殺無火生，雖甲運之後婚姻可得，但能否享夫之蔭，實難想像。

乾造命：

八字

乙巳

甲申

戊申

丙辰

虛歲	6	16	26	36	46	56	66
大運	癸未	壬午	辛巳	庚辰	己卯	戊寅	丁丑

分析：

此造：

戊申土猴日生申月，戊土司令。日月二申金洩土且日時申辰拱子水，且年月又透甲乙木可謂剋洩盜齊來，非用火印來生扶日元不可，時上丙火透出取用，故出生家境中上。行大運辛巳，辛與丙合，巳與申刑，故於此運中其妻捲款而逃，與情夫遠走高飛。

坤造命：

八字

甲辰

壬申

戊申

癸亥

虛歲	8	18	28	38	48	58	68
大運	辛未	庚午	己巳	戊辰	丁卯	丙寅	乙丑

分析：

此造：

戊申土猴日生申月，庚金司令。年月支申辰暗拱子水，干透甲壬癸，全局金水木氣重，當以從格論之，可惜大運皆走火土，從格運走還魂大忌，故此命主在與人訂婚後又遭退婚，如此命造行大運實難堪也。雖心中百般不願，萬般無奈，但又能如何。

坤造命：

八字

丙子

己亥

甲寅

戊辰

虛歲	8	18	28	38	48	58	68
大運	戊戌	丁酉	丙申	乙未	甲午	癸巳	壬辰

分析：

此造：

甲寅木虎日冬生亥月，壬水司令。年月亥子會丑水局，日時寅辰拱夾卯木身強財旺，而年上丙火調候，可惜不見夫星。

故此命主與夫緣薄，女命財多暗生官必多夫，故此造命主背夫在外與兩三個男人偷情，最後被夫發覺其姦情而敗露。

坤造命：

八字

乙卯
壬午
甲寅
癸酉

虛歲	2	12	22	32	42	52	62
大運	癸未	甲申	乙酉	丙戌	丁亥	戊子	己丑

分析：

此造：

甲寅木虎日夏生午火月，丁火司令。干透壬癸正偏印生扶日元，而年柱又是乙卯助旺日元之氣，身強丁火傷官洩秀，時支酉金正官逢丁剋無土生金而金又洩於水，夫星危矣，而日支寅木逢午而合化傷官，自是不可早婚。

今大運在乙酉，酉雖為正官夫星逢午火而破，若欲覓良緣當在丙戌大運，方可成就姻緣。

坤造命：

八字

壬午

甲辰

戊午

辛酉

虛歲	1	11	21	31	41	51	61
大運	癸卯	壬寅	辛丑	庚子	己亥	戊戌	丁酉

分析：

此造：

戊午赤黃馬日生辰月，乙木司令。干透金水木，必喜日支午火為用，此造命主於大運辛丑，流年乙巳支成巳酉丑三合金局而成婚，但金旺剋木，月干甲木七殺偏夫危矣。

故命主在此運中結婚已埋下禍災，因此命主在庚子大運時便與夫訣別，女命時上傷官，元配不美。

坤造命：

八字

庚子

己卯

壬子

庚子

虛歲	8	18	28	38	48	58	68
大運	戊寅	丁丑	丙子	乙亥	甲戌	癸酉	壬申

分析：

此造：

壬子黑鼠日春生卯月，乙木司令。局中金水旺，食神洩秀，月干己土正官無財滋生，不利於婚姻。

女命金水旺容貌秀麗但情慾必重，故此造命主聰明才高，但與有婦之夫在外同居生子，地支三子刑卯婚姻如何正常，正官無財又如何能享夫蔭呢？

坤造命：

八字：

癸巳

甲寅

壬子

戊申

虛歲	2	12	22	32	42	52	62
大運	乙卯	丙辰	丁巳	戊午	己未	庚申	辛酉

分析：

此造：

壬子黑鼠日生寅木月，甲木司令。傷官洩秀，日主坐子水又得時支申金生扶，日元不弱，年月為喜用故出生家境佳，但地支申寅巳三刑，且夫宮外合而時上戊土七殺被甲木所傷，是以婚姻當小心經營，命主大運行至巳未交脫之際流年癸未，地支未刑穿夫宮子水，故與夫離婚。

十四、十惡大敗——

甲辰乙巳與壬申。丙申丁亥及庚辰。
戊戌癸亥加辛巳。已丑都來十位神。
人命若還逢此日。倉庫金銀化作塵。

以上字詞所言者，若人命配置不佳，逢以上之日所生者，將有災禍降臨，或辛苦努力最後將化為烏有。

乾造命：

八字

丙戌

辛卯

甲辰

甲子

虛歲	2	12	22	32	42	52	62
大運	壬辰	癸巳	甲午	乙未	丙申	丁酉	戊戌

分析：

此造：

甲辰日主生卯月，乙木司令。日時支見子辰合水，年月卯戌合火，干頭丙辛拌合，全局多合，主多情少果斷。

此造身強取月干辛金正官為用，逢丙合而失鋒利，若用年上丙火逢辛合，日失其輝，大運行至丙申地支申與命局子辰三合水局，剋火洩金轉生日元，流年癸酉，癸水又洩金剋火，地水酉沖卯木，喜用皆傷，故於當年遇害身亡。

乾造命：

八字

壬子

己酉

甲辰

丁卯

虛歲	10	20	30	40	50	60	70
大運	庚戌	辛亥	壬子	癸丑	甲寅	乙卯	丙辰

分析：

此造：

甲辰日生酉月庚金司令。辰酉合金，日主通根時支卯木又得年柱相生，身強可以敵官殺，時上丁火洩秀足以生財，但妻宮逢穿逢合，而月干己土與日主貪合而不顧丁火之生而大運一路行水木旺地，故一生沒有結婚亦無子，時帶傷官必剋子。

此造妻宮財被穿合，故妻緣薄，與上造近似。

坤造命：

八字

丁酉

丁未

乙巳

壬午

虛歲	3	13	23	33	43	53	63
大運	戊申	己酉	庚戌	辛亥	壬子	癸丑	甲寅

分析：

此造：

春風拂面親和藹，

烈火焚身難自在，

枯草再春待甘霖，

廢鐵火煉浪費時。

乙巳日生夏未月，支全巳午未南方火局，欲從而不能從，不從則水木無根，故此造以假從論，年支酉中辛金七殺被旺火所焚，雖美艷多情又浪漫，卻遭情傷，一生情場多波折。

坤造命：

八字

庚子

戊寅

壬申

辛亥

虛歲	4	14	24	34	44	54	64
大運	丁丑	丙子	乙亥	甲戌	癸酉	壬申	辛未

分析：

此造：

水潤大地澤萬物，

太過之時成猛獸，

開川導河蓄水壩，

民生農耕全靠它。

壬申日生春寅月，丙火司令。金水旺以戊止水，日月支寅申沖，丙火傷，土無源，洪水氾濫其勢難擋。此造夫星無力，夫宮沖動，故夫妻常爭吵，若不能互相容忍，婚姻必破矣。

乾造命：

八字

癸巳

丙辰

壬申

癸卯

虛歲	1	11	21	31	41	51	61
大運	乙卯	甲寅	癸丑	壬子	辛亥	庚戌	己酉

分析：

此造：

日照江海春回暖，

忽然風浪衝丈高，

雲雨不停連日下，

船翻人亡哭斷腸。

壬申日生辰月，乙木司令。日月支申辰合，金水旺月干丙火垂危，以時支卯木救，暫可解危，大運壬子流年癸酉，壬水剋丙火，子與申辰合年支巳火破，酉金沖卯木，喜用盡傷故於是年被刺身亡。

坤造命：

八字

戊子
乙丑
丙申
壬辰

虛歲	1	11	21	31	41	51	61
大運	甲子	癸亥	壬戌	辛酉	庚申	己未	戊午

分析：

此造：

屋漏偏逢連夜雨，
船破又遇迎頭風，
冬陽雖欲撥雲照，
無奈霜雪阻路行。

丙申日冬生丑月，支全申子辰三合水局，弱火難對旺水，雖乙木欲生卻是花草難生功用，退借戊土止水又為木阻大運金水，雪上加霜，最後淪為酒女，雖百般不願，但命運如此，又能奈何。

乾造命：

八字

壬辰

壬子

丙申

癸巳

虛歲	8	18	28	38	48	58	68
大運	癸丑	甲寅	乙卯	丙辰	丁巳	戊午	己未

分析：

此造：

雪地映日冬陽暉，

好景短暫不久長，

人生歲月如幻境，

如非我有莫強求。

丙申日冬生子月，支見申子辰，全局金水旺，雖時落在巳，卻見水局弱逢旺沖，火根拔以從格論，行乙卯運壬戌流年因注射毒品暴斃旅社，從格不喜行扶身運，地支卯戌合火入墓故亡。

乾造命：

八字

己卯

庚午

丁亥

壬寅

虛歲	5	15	25	35	45	55	65
大運	己巳	戊辰	丁卯	丙寅	乙丑	甲子	癸亥

分析：

此造：

燈火通明至拂曉，

達旦通宵秉燭讀，

苦盡甘來終得報，

一朝成名身顯耀。

丁亥日午火月生，丁火司令。木火旺日元強，時上官來就我，干頭一氣相連，土金水不背，相生有情，富貴自然可期，此造命主早年辛苦，努力終得回報，歷任縣長、市長、內政部長等要職。

坤造命：

八字

甲辰

辛未

丁亥

甲辰

虛歲	11	21	31	41	51	61	71
大運	庚午	己巳	戊辰	丁卯	丙寅	乙丑	甲子

分析：

此造：

爐火煉金薪不盡，

毅力堅定達目標，

有心不畏路途遙，

寶珠獻瑞心雀躍。

丁亥日生未月，己土司令。土多晦火，甲木慈母護子，陰陽情協，月干辛金寶玉也須寶盒裝，財可為我用，富貴佳造，此造命主畢業於日本法政大學，為一法律良才。

乾造命：

八字

庚寅

甲申

庚辰

丙子

虛歲	9	19	29	39	49	59	69
大運	乙酉	丙戌	丁亥	戊子	己丑	庚寅	辛卯

分析：

此造：

庚辰日生申月，戊土司令。支見申子辰水局，食傷洩秀，時上丙火七殺可以煉金，可惜甲木逢庚剋，寅木逢申沖，生火之木皆傷，而妻宮入墓庫又被合化，財被剋傷似乎已注定命主與妻緣薄。

故此命主在己丑大運癸未流年，其妻終捲款而與情夫私奔。因丑未沖，癸水傷丙之故。

坤造命：

八字

己丑
甲戌
戊戌
戊午

虛歲	2	12	22	32	42	52	62
大運	乙亥	丙子	丁丑	戊寅	己卯	庚辰	辛巳

分析：

此造：

戊戌日生戌月，戊土司令。全局燥熱，月干甲木七殺本欲疏土，然甲木逢己而合化土，成稼穡格。女命身旺無依，身旺無官無財定入空門。此造命主已守寡多年矣。

觀此造火土燥熱猶如荒漠，不見滴水如何蓄養百器，孕藏礦石，如何生長花果，故此造寡命宜矣。

乾造命：

八字

戊寅

庚申

戊戌

丙辰

虛歲	3	13	23	33	43	53	63
大運	辛酉	壬戌	癸亥	甲子	乙丑	丙寅	丁卯

分析：

此造：

戊戌日生申月，庚金司令。日時辰戌沖，年月申寅沖多沖多剋，故早年辛苦，由基層小職做起至甲子大運榮升至銀行經理。

此造日主雖食傷洩氣，但有時干丙火生扶日元不算太弱，年支寅中甲木逢申沖而受傷故運喜水木，故行甲子運而榮升，因子與申合則解寅申之沖。

乾造命：

八字

戊戌

庚申

癸亥

丙辰

虛歲	9	19	29	39	49	59	69
大運	辛酉	壬戌	癸亥	甲子	乙丑	丙寅	丁卯

分析：

此造：

癸亥日元生申月，壬水司令。雖年柱戊戌土可剋日主之水，但庚申月令金可化土生水，日主不弱，唯時上丙火無木生發，火苗將滅，故命主大運行至壬戌流年庚申及辛酉時。

在當兵期間被派看守彈藥，不幸火藥爆炸，其間有六人重傷而命主亦腳指截掉成殘，流年甲子因子與申辰三合故成婚，但其妻亦為一聽障者。

乾造命：

八字

壬子

壬寅

癸亥

丁巳

大運	癸卯	甲辰	乙巳	丙午	丁未	戊申	己酉
虛歲	7	17	27	37	47	57	67

分析：

此造：

癸亥日生寅木月，丙火司令。日元旺而財弱，幸寅月丙火司令，寅木可洩水生火，命局清純，身旺足以任財，本來日時亥巳支沖，幸月支寅木合亥解沖，命局轉佳，而大運木火東南之地，故至退輔會主委，官拜上將，一生仕途無阻，有時命好亦須運來助，果不虛言。

坤造命：

八字

甲午

癸酉

己丑

己巳

虛歲	8	18	28	38	48	58	68
大運	壬申	辛未	庚午	己巳	戊辰	丁卯	丙寅

分析：

此造：

己丑日生酉月，辛金司令。支全巳酉丑金局，洩秀生月干癸水偏財又生年上果正官，此造結穴在年支午火，故命主出生富家，於辛未大運地支全巳午未南方火局，流年戊午結婚，婚後先生事業順利發展，終成一大貿易公司董事長，此造財官印一氣相生故成貴格。

坤造命：

八字

丁亥

丁未

己丑

庚午

虛歲	11	21	31	41	51	61	71
大運	戊申	己酉	庚戌	辛亥	壬子	癸丑	甲寅

分析：

此造：

己丑日生未月，丁火司令。火土燥熱，日月支丑未沖，日時午丑破，夫宮有損，正官甲木藏亥，乙木偏官藏於未，官殺無力，唯取時上庚金傷官洩秀，可惜庚逢丁剋，喜用無力，雖命主在己酉大運之己酉流年結婚，但只幾年間，便在庚戌大運之丑未戌三刑運時離婚，在離婚後又與一男子同居，數年後又與同居人分手，分手後又與人同居，真是造化弄人。

十五、論陰差陽錯——

陽差陰錯是如何，辛卯壬辰癸巳多，
丙午丁未戊申位，辛酉壬戌癸亥過，
丙子丁丑戊寅日，十二宮中仔細歌，
好風流處不風流，花燭迎郎不自由，
不是填房因孝取，洞房定結兩家仇。

以上詞句乃指這十二日生者，如果四柱配合不佳，必在結婚之後成為怨偶。

乾造命：

八字

乙卯

丙子

辛卯

庚寅

虛歲	7	17	27	37	47	57	67
大運	乙亥	甲戌	癸酉	壬申	辛未	庚午	己巳

分析：

此造：

辛卯日元生冬子月，癸水司令。日主雖得庚金相助，但庚辛虛浮，日元無氣，本當論從，但日主辛金與月干丙火合化，故以化氣格論，本造大運行至癸酉，酉為辛金旺祿，與化氣格相背，又與妻宮卯木，故於此運中離婚，子亦隨妻而去，往後事業皆難順遂，此皆因大運與命格相違背之故。

坤造命：

八字

乙巳
己丑
辛卯
己丑

虛歲	5	15	25	35	45	55	65
大運	庚寅	辛卯	壬辰	癸巳	甲午	乙未	丙申

分析：

此造：

辛卯日元冬生丑月，己土司令。月時干透己土通根在丑身弱印重，土厚埋金，取年干乙木疏土為用，可惜巳丑拱酉乙木受傷又沖夫宮卯木用神傷，而年支巳火正官被合，婚姻怎得幸福，大運壬辰水凍寒木，雪上加霜，流年癸酉，癸水遇己土止流，酉與巳丑合金沖夫宮卯故命主於是年與夫離婚。此造水雖可生木亦能凍木，因火調候不足也。

坤造命：

八字

己亥

甲戌

辛卯

甲午

虛歲	2	12	22	32	42	52	62
大運	乙亥	丙子	丁丑	戊寅	己卯	庚辰	辛巳

分析：

此造：

辛卯日元秋生戌月，戊土司令。月時干頭雙透甲木通根亥卯，為身弱財旺用印扶身，年月干己土見甲而合，月支戌土與卯合化火，用神之力薄須以時支午火七殺生印，此造看似殺印相生，但日時午卯破，夫宮逢合逢破，婚姻自難美滿，今大運走己卯，己土印星坐絕地，流年癸未，支見亥卯未印星化財，故夫妻感情形同水火，愈走愈遠。

坤造命：

八字

戊戌

乙卯

壬辰

癸卯

虛歲	4	14	24	34	44	54	64
大運	甲寅	癸丑	壬子	辛亥	庚戌	己酉	戊申

分析：

此造：

壬辰日元春生卯月，甲木司令。卯辰拱會寅木，但卯辰亦相穿，時柱干頭癸水雖欲幫身，但壬癸虛浮，必從其勢，年柱戊戌七殺逢乙卯旺木剋土，必要用火化可惜無火，故論傷官制殺格。既論從運不喜再行生身之地，大運丑時結婚，壬子運時已離兩次婚。此造之所以多次婚姻為夫宮穿破，再者夫星被剋太過。

乾造命：

八字

己亥

己巳

壬辰

戊申

虛歲	2	12	22	32	42	52	62
大運	戊辰	丁卯	丙寅	乙丑	甲子	癸亥	壬戌

分析：

此造：

壬辰日生巳火月，戊土司令。天干三透戊己，官殺混雜，當以時支申金偏印扶身，但申逢妻宮辰土合入庫中，用神無力，而年月亥巳沖，日元之根沖動，更不妙的是，月支巳火偏財被沖無木星來轉化。故命主學業及事業早年均不順，以開計程車為業，至乙丑大運之乙亥流年與月柱天沖地傷妻星又身弱不能任財官，故於是年與妻離婚。

坤造命：

八字

壬辰

戊申

戊申

癸亥

虛歲	9	19	29	39	49	59	69
大運	丁未	丙午	乙巳	甲辰	癸卯	壬寅	辛丑

分析：

此造：

戊申日元生申月，庚金司令。年月申辰拱子水，全局金水洩氣重，官殺在墓庫，日主雖有戊土幫身，但無火生扶，當以從格論之，故出生富家。此造食神坐守夫宮雖於乙運逢官之時結婚，但結婚不久先生即對她不理不睬不願同床，曾自殺過兩次均未成功，已近離婚邊緣。

坤造命：

八字

丁酉

乙巳

戊申

乙卯

虛歲	1	11	21	31	41	51	61
大運	丙午	丁未	戊申	己酉	庚戌	辛亥	壬子

分析：

此造：

戊申日元生巳月，丙火司令。全局剋洩太重，且食神坐守夫宮，取印為用丙火真神當令，此造夫宮刑，金木交戰，無水化導，在戊申大運辛酉流年結婚，數月時間，丈夫便故意常不回家，已近破裂。

此造所以有此命運，因大運走申酉食傷剋官殺運的關係，所以才會結婚幾個月的時間，便已形同水火。

乾造命：

八字

癸巳

壬戌

壬戌

己酉

虛歲	11	21	31	41	51	61	71
大運	辛酉	庚申	己未	戊午	丁巳	丙辰	乙卯

分析：

此造：

壬戌日生戌月，戊土司令。火一工三，火土旺象，幸日元得年月壬癸水助，時逢酉金相生，神清氣足，可惜命中無甲木疏土，雖殺印相生，但土多埋金，雖可取一貴，但大運戊午，午火合妻宮戌土暗會桃花。此造命主為一大家樂組頭，賺很多錢，可是在外惹了許多桃花債，其老婆對他亦莫可奈何。

乾造命：

八字

庚寅

丁亥

壬戌

辛丑

虛歲	5	15	25	35	45	55	65
大運	戊子	己丑	庚寅	辛卯	壬辰	癸巳	甲午

分析：

此造：

壬戌月元冬生亥月，壬水司令。金水寒冷，最喜丁火透干，年支寅中甲木本可一用，但寅亥合，溼木不能生火且妻宮丑戌刑，婚姻恐有破，命主在大運庚寅流年丁巳結婚，但在三十三歲壬戌流年與妻離婚。寅運與妻宮戌合入墓故木不能生火，壬戌流年，壬年之水剋丁火正財，且戌見戌伏吟又與丑刑故離也。

坤造命：

八字

戊戌

壬戌

癸亥

癸亥

虛歲	大運
2	辛酉
12	庚申
22	己未
32	戊午
42	丁巳
52	丙辰
62	乙卯

分析：

此造：

癸亥日元生戌月，辛金司令。水勢寒凝，雖年干戊土正官可以止水，可惜無火財來生官，且夫宮伏吟，大運至未時戌未刑，且亥未拱卯剋土，故命主於此運中與夫離婚。

此造身強用土無火，用甲木疏土則藏於亥中，夫星無用，財星用食傷不透，故此造婚姻不美，從命中實可窺出一二端倪矣。

乾造命：

八字

壬寅

己酉

癸亥

癸亥

虛歲	7	17	27	37	47	57	67
大運	庚戌	辛亥	壬子	癸丑	甲寅	乙卯	丙辰

分析：

此造：

癸亥日元秋生酉月，金水重，取月干己土止水，非但不能止水反轉生金去生旺水，退而取年支寅中甲木洩水生火，但木被金緊貼相剋，故喜用無力，大運又一路走金水之地，故危機潛伏。

此命主在結婚後不久便宣告離婚，且在壬子運之乙亥流年被惡友殺害，因乙木會去剋己土，所以才會殘遭不幸。

十六、雜論婚姻——

幸福美滿的婚姻，不分古今中外也不分男女老少，均是人們心中所嚮往的，但卻是可遇而不可刻求的，如果你和另一半的婚姻生活是讓人稱羨的，那麼恭喜你，設若你和另一半的婚姻生活正陷入泥淖之中，也不用灰心，因為幸福雖然是上天恩賜的禮物，但有時也須懂得珍惜和擁有，否則一旦失去了它才想再把它找回來，已經不是易事了。

然而幸福除了是上天恩賜的禮物，有時也須自己去創造，畢竟只靠上天的恩賜而自己不努力，幸福是不會憑空而得，幸運對極少數的人而言，可能佔百分之百，但對多數的人而言，努力才是全部。

筆者僅以短短數語與大家共勉，除了祝福天下有情人終成眷屬，更祝福能珍惜當下，保握當下的有情人永不分離。

坤造命：

八字

戊戌
丁巳
己亥
丙寅

虛歲	7	17	27	37	47	57	67
大運	丙辰	乙卯	甲寅	癸丑	壬子	辛亥	庚戌

分析：

此造：

己土日元生小滿後一日，丙火司令。月時干透丙丁火，正偏印都來生己土日元，更有年柱戊戌相幫，元神健旺，女命身強喜財官，時支寅木暗藏甲木，意欲作為，但木弱火旺如何破土，更遭的是木不能剋土又洩日支亥水之氣，夫宮亥水正財本可以消局中旺火，但卻被時支寅木合住，另又被月支巳火沖，夫宮傷，最慘的是不見金來洩土生水，如此看來婚姻恐難平靜，果然命主常和先生爭吵。

乾造命：

八字

丁巳

丁未

癸酉

戊午

虛歲	4	14	24	34	44	54	64
大運	丙午	乙巳	甲辰	癸卯	壬寅	辛丑	庚子

分析：

此造：

癸水日元生小暑後八日，乙木司令。地支全巳午未南方火局，年月又透丁火，命中火旺身弱，而時干透戊土剋合日主癸水，縱觀全局，火旺焦乾癸水，本當論從，但日支坐酉金偏印生扶日元，故不可論從，此造最不好的地方，在沒有溼土晦火且大運又走木火之地，因此父母早離，並且父親也已死亡，目前在酒店上班，雖曾交女友但也已分離。

此造財旺身弱，如何能任財，因此命主與妻緣較薄，欲求姻緣當在辰運。

乾造命：

八字

甲午

丙子

庚戌

戊寅

虛歲	7	17	27	37	47	57	67
大運	丁丑	戊寅	己卯	庚辰	辛巳	壬午	癸未

分析：

此造：

庚金日元生大雪後十二日，癸水司令。地支全寅午戌三合火，月干又透丙火，年干甲木又生丙火，全局火旺金熔，雖時干戊土可以生金，但火炎則土焦，焦土如何生金，幸月支子水沖去午火，使寅戌所拱之火沒有那麼炎熱，更可潤土生金，故月支子水乃全局死裡逃生，功不可沒的重要角色，且天干甲丙戊庚一氣呵成，可得一貴，故此造命主為一醫生。

但此造為人風流，與一少自己二十歲的女孩同居生子，之所以如此，乃因妻宮與財星作合之故。

坤造命：

八字

甲寅
丙子
壬辰
戊申

虛歲	4	14	24	34	44	54	64
大運	乙亥	甲戌	癸酉	壬申	辛未	庚午	己巳

分析：

此造：

壬水日主生大雪後十日，壬水司令。地支申子辰三合水局，水勢寒凍，取時干戊土止水，但被申金所洩，幸好月干丙火得年柱甲寅食神生火，火又剛好生土，天干一氣相生，當應榮顯，可惜夫宮會合忌神故為人小妾，此造乃上造在外同居的女子。但也因時干戊土七殺偏夫為喜用，才能嫁給醫生，可是大運一路金水，真能享此福分嗎?本造目前除了跟這位醫生同居外，也同時交了好幾位男友，用情並不專，這恐也與夫宮會合太過有關。

坤造命：

八字

甲午

庚午

乙卯

辛巳

虛歲	8	18	28	38	48	58	68
大運	己巳	戊辰	丁卯	丙寅	乙丑	甲子	癸亥

分析：

此造：

乙木日元生夏至後六日，丁火司令。食神當權，地支三火洩日元之氣過重，而夫宮卯木逢午火則破，年干甲木逢庚亦剋，故日主過弱，月時透庚辛官殺，局中剋洩太過，必以印星生扶日元，可惜局中不見水氣，故命主國小畢業後便出外幫傭養家，大運戊辰流年庚申結婚，因庚為夫而申遇辰合為喜用，故於當年結婚，但婚後夫妻感情欠佳，且已面臨嚴酷考驗。

此造乃因食傷太重，而夫星無財生扶故與夫感情面臨考驗是在所難免。

乾造命：

八字

乙巳

甲申

戊申

丙辰

虛歲	6	16	26	36	46	56	66
大運	癸未	壬午	辛巳	庚辰	己卯	戊寅	丁丑

分析：

此造：

戊土日元生立秋後十四日，壬水司令。年月巳申刑合，日時申辰拱合子水，金水洩日元氣重，且年月甲乙木透而剋日主，局中剋洩太過，幸丙火透出時干偏印生扶日元，天干官印相生看似佳美，而出生家境確實不錯，但在庚運壬午流年其妻捲款近千萬與情夫遠走高飛，因壬水會剋丙火，而午火與妻宮所拱合的子水沖，才會有這樣的情形。

此造另一隱憂在年月巳申暗合水，日時申辰暗合子，財星暗合太重，則身弱不能勝任旺財，是令人害怕的地方。

乾造命：

八字

庚子

己丑

庚戌

戊寅

虛歲	7	17	27	37	47	57	67
大運	庚寅	辛卯	壬辰	癸巳	甲午	乙未	丙申

分析：

此造：

庚金日元生小寒後十二日，辛金司令。月日支丑戌刑，月時又透戊己土身強土旺，取時支寅中甲木疏土，但寅與妻宮戌土合火，故財不能損印且年支生木之子水，又被丑土合，喜用無力，故姻緣難得早成，故一直到癸巳大運之丁丑流年才結婚，因巳與丑合而解了子丑之合，則子水自可生木，因此結婚。

坤造命：

八字

癸巳

己未

戊辰

辛酉

虛歲	9	19	29	39	49	59	69
大運	庚申	辛酉	壬戌	癸亥	甲子	乙丑	丙寅

分析：

此造：

戊土日元生小暑後九日，乙木司令。年月支巳未夾午火，日主旺，乙木正官藏在墓庫，本可借年干癸水生官，但癸遇月干己土剋，則水源阻斷，雖時柱食傷辛酉洩秀，但水被剋則乙木反被辛金傷，是以此造至今未婚，但行運利財，故常年旅居美國做跟心臟醫療有關器材生意。此造命格恐終身獨守也。

坤造命：

八字

壬寅

己酉

己未

戊辰

虛歲	4	14	24	34	44	54	64
大運	戊申	丁未	丙午	乙巳	甲辰	癸卯	壬寅

分析：

此造：

己土日生白露後十日，庚金司令。雖食傷洩秀，但女命身強喜財官，年支寅中甲木疏旺土又得年干壬水相生似乎不錯，但壬水逢戊己土剋，生木乏力，且甲木逢司令庚金剋疏土亦無功，故此造身旺財官無依，良緣自是難得。大運走火土自是不利財官，故命主至今依然未婚。

乾造命：

八字

甲寅
庚午
丙申
壬辰

虛歲	5	15	25	35	45	55	65
大運	辛未	壬申	癸酉	甲戌	乙亥	丙子	丁丑

分析：

此造：

丙火日元生夏至後二日，丁火司令。年月寅午合火，年干用木生扶日元故日主元神不弱，時干壬水七殺透出成水火相濟之勢，喜日時支申辰拱子助殺之威，而月干去年上甲木，使木不去生火，更喜時支辰土晦火，喜用順暢，故命主在壬申大運丙子流年結婚，地支形成申子辰三合局且會妻宮故成婚。

坤造命：

八字

甲午

丙子

丁未

甲辰

虛歲	4	14	24	34	44	54	64
大運	乙亥	甲戌	癸酉	壬申	辛未	庚午	己巳

分析：

此造：

丁火日元生大雪後九日，癸水司令。

天干二甲一丙生助元神，身強最喜財官，子中癸水司令真神得用，但子逢未穿破，逢午火則沖，且夫宮未土坐守自不利婚姻，況子水又無金生發，水難成流，故命主在戌運壬子流年結婚，卻在丁巳流年與情夫私奔。巳與局中午未形成三會火局與水沖與金剋，故有此應。

坤造命：

八字

甲寅

丁卯

戊辰

壬戌

虛歲	8	18	28	38	48	58	68
大運	丙寅	乙丑	甲子	癸亥	壬戌	辛酉	庚申

分析：

此造：

戊土日元生春分後六日，乙木司令。支全寅卯辰官殺會局，身弱財殺旺取月干丁印為用，但丁火逢壬水合，貪合忘生，用神不真，且夫宮辰戌沖，故此造命主，嫁人為第二任老婆，並且婚後又發現其夫與第一任離婚的老婆藕斷絲連，糾纏不清，命主不知該如何才好。

坤造命：

八字

乙卯

壬午

甲寅

癸酉

虛歲	2	12	22	32	42	52	62
大運	癸未	甲申	乙酉	丙戌	丁亥	戊子	己丑

分析：

此造：

甲木日元生小暑前一日，丁火司令。日月支寅午合火，身強傷官洩秀不可謂不美，但時支酉金正官被火焚傷，無土生金，故不利早婚，今大運在乙酉，酉逢卯沖，逢午火破故至今未婚，欲求姻緣當在戌運。

坤造命：

八字

乙巳

戊子

己未

癸酉

虛歲	3	13	23	33	43	53	63
大運	己丑	庚寅	辛卯	壬辰	癸巳	甲午	乙未

分析：

此造：

己土日元生冬至後九日，癸水司令。時柱癸酉金水，食傷洩秀生財，年干又透乙木剋土，看似財旺身弱實不然也，因為月支子水見巳火欲破卻被日支未土穿，故火不滅反去生日元土氣而年干乙木本欲剋土反被巳火所洩，故日元不弱，運喜水木財官，故嫁先生曾任國大代表。但因夫宮坐守忌神，故命主雖漂亮，先生偏不愛，反喜在外拈花惹草。

乾造命：

八字

辛亥

辛丑

己亥

丁卯

虛歲	2	12	22	32	42	52	62
大運	庚子	己亥	戊戌	丁酉	丙申	乙未	甲午

分析：

此造：

己土日元生小寒後三日，癸水司令。亥丑夾子，年月透辛，金冷水寒時干丁火可以剋金生扶日元己土，日時亥卯支合，卯木貪合生火之力不足，必待運助，三十一歲前運勢不佳前科累累，大運入酉沖時支卯木，喜用不可傷，應小心才是。

此造命主在戊戌時，曾與多位女子同居過，但最後皆是無緣結局。

坤造命：

八字

己卯
己巳
丙午
癸巳

虛歲	10	20	30	40	50	60	70
大運	庚午	辛未	壬申	癸酉	甲戌	乙亥	丙子

分析：

此造：

丙火日元生立夏後三日，戊土司令。

地支一木三火幫身，日元不弱，以時上癸水調候，但被旺火焦乾，更被年月己土所剋，所幸五十歲之前走金水，所嫁先生家境中上，但於酉運尾背夫與情夫私奔，多年後心生後悔又回到先生身邊，此造所以用情不專為夫宮忌神坐守，正官夫星無源，大運酉金被午火破的原故。

坤造命：

八字

辛卯

己亥

甲戌

乙亥

虛歲	4	14	24	34	44	54	64
大運	庚子	辛丑	壬寅	癸卯	甲辰	乙巳	丙午

分析：

此造：

甲木日元生小雪後七日，壬水司令。年月亥卯支合，時落乙亥，日主不弱，月透己土與日主甲木合，雖日支戌土，但時干乙木剋月干己土故財弱，且冬木無火亦凍，是以格取火來調候，亦喜火來生土，可惜丁火藏於戌庫之中，而夫宮坐墓庫，非但夫緣不佳，已離婚多次亦無子，因丁火傷官藏庫，年干夫星坐絕亦難作用，故夫子無緣因辛金亦入墓。

坤造命：

八字

己亥

乙丑

癸卯

壬子

虛歲	8	18	28	38	48	58	68
大運	丙寅	丁卯	戊辰	己巳	庚午	辛未	壬申

分析：

此造：

癸水日元生小寒後十日，辛金司令。地支全亥子丑北方水局，全局金水寒凝，不見火來調候，格本不高，況年上己土無火來生，又被乙木剋絕如何覓得良緣，但此造不以正格論而以水木食神洩秀做子吾同心格論，故乙木去己土反佳，為水清木秀，但因冬生福較差些，是以命主留學美國畢業於紐約大學在壬戌流年結婚，運喜走木火運，忌金土壞水木。

分析：

以上兩造有人認為是台灣經營之神王永慶的八字。

乾造命：

八字

丙辰 丙辰

庚子 辛丑

庚寅 癸丑

丁亥 戊午

若以上造庚金日元生大雪後十二日，為癸水司令，年月支合子辰，水凍金冷，丙丁雙透，全局剋洩重，年支辰土偏印被合，月干庚金被丙火剋，應以從格論，此造若真，則與事實似乎不符，因既論從則妻宮財星坐守，又為喜用則妻必佳美，但王董事長之大房太太則名不見經傳，且即是喜用，則不該出生如此窮困家庭。而且父又早逝顯然與事實相去太遠。

下造癸水日元生小寒後五日，癸水司令。地支四土，當以月干辛金化土生水，更喜以火調候，但年月丙辛合，則兩失其用，況辛金為印，生我為母，丙辛合，辛金無用則王老太夫人如何能長命百歲，故知此造亦非真實八字。

民國五年農曆十二月二十四日戌時

八字

丙辰

辛丑

己未

甲戌

虛歲	7	17	27	37	47	57	67	77	87
大運	壬寅	癸卯	甲辰	乙巳	丙午	丁未	戊申	己酉	庚戌

分析：

此造：

王永慶真實八字，以此造應更接近及符合本人一生過程。

因本人曾讀過有關王董的傳記，裡面詳細敘述從出生到開創台塑的經過，故本人稍知一二，據書中所記載，王董事長於民國五年出生在台北新店，出生在大家正忙著準備過年的某一天，家人剛好吃完飯的時刻。

此造：

己土日元生小寒後十一日，辛金司令。地支辰戌丑未四墓庫齊，時透甲木與日主己土合化土，故此造當以化氣格及稼穡格兼論，年月丙辛合，此丙火只作調候，不作用神，故與辛合無損其貴氣，但也因丙辛合化為水，增局中寒氣，故出生貧苦，財藏墓庫故父緣薄，丙火正印調候，印為母星，故母壽百歲，妻宮逢刑故與妻緣薄故取三妻，一生事業從二十七歲甲辰運起漸發，在四十三年時以數仟萬創設台塑公司，其時大運在乙巳，司令辛金剋去乙木無忌也，巳與丑合且化氣及稼穡最喜火運，故大運在丙午時大發，而今已擁有許多大企業，不只台灣，更向美國及大陸伸展版圖，強烈展現其企圖心，旺盛的鬥志雖已將近九十高齡，其精神絕不輸年輕人，若非如此命局，怎能有如此成就，在這裡亦祝福他，身體永遠健康，為台灣的土地及人民作更多的努力，畢竟有許多人還需要他。當然也希望有新的王永慶出現。

十七、論結婚運──

男命女命結婚徵兆在於命局若成會合者，易有早婚之現象，反之命局夫宮或妻宮逢沖者，易晚婚，若早婚不佳，同時男命行運及流年若會合成喜用時也易結婚，女命也是一樣，甚至男命若財合局或女命官殺合者，也較容易結婚。

另外，男命財透干爭合或妻宮爭合者，易晚婚或晚婚較好，女命官殺透干爭合或夫宮爭合者看法與男命一樣，易有晚婚跡象或要晚婚比較好。

坤造命：

八字

戊子

甲子

癸巳

戊午

虛歲	9	19	29	39	49	59	69
大運	癸亥	壬戌	辛酉	庚申	己未	戊午	丁巳

分析：

此造：

癸水日元生冬至後九日，癸水司令。看似寒象，日時支巳午候暖身且年時雙透戊土正官，身由旺轉弱，幸月干甲木傷官制官取之為用，故命主畢業於政戰學校，格局用神雖用傷官制官，但行運用神喜走金來生身，但甲木格局用神不可傷，否則損其貴氣，二十三歲流年庚戌大運在壬戌，午戌合火，財生官故結婚。

坤造命：

八字

癸巳

辛酉

庚寅

己卯

虛歲	2	12	22	32	42	52	62
大運	壬戌	癸亥	甲子	乙丑	丙寅	丁卯	戊辰

分析：

此造：

庚金日元生秋分後十三日，辛金司令。年月巳酉合金，時干己土生身月柱辛酉身強喜洩喜剋，年上癸水傷官洩秀，但女命以官殺為夫，年支巳中丙火七殺逢合，又被年干癸水所傷，雖日支夫宮寅木偏財可以生官，但官殺無力可惜。

此造戊午流年二十六歲，大運甲子結婚，流年戊午地支午與夫宮寅合故結婚。

乾造命：

八字

丙戌

甲午

甲戌

癸酉

虛歲	4	14	24	34	44	54	64
大運	乙未	丙申	丁酉	戊戌	己亥	庚子	辛丑

分析：

此造：

甲木日元生夏至後七日，丁火司令。地支午戌合火，傷官洩氣重，取時干癸水生身兼調候，大運丙申尾流年己酉二十四歲，支會申酉戌結婚，月支午為紅艷，局中紅艷逢合故為人風流，偏財與紅艷合故二十五歲庚戌流年又納妾，因財多爭合紅艷才會多妻。

乾造命：

八字

丙戌
甲午
辛酉
己丑

虛歲	8	18	28	38	48	58	68
大運	乙未	丙申	丁酉	戊戌	己亥	庚子	己丑

分析：

此造：

癸水日元生芒種後十日，丁火司令。年月午戌合年干透丙火，月干透甲木財官不弱，但日元亦不弱，雖火可煉金，但被土洩之太過而生身局中無水生木，財星太弱，故命主直到四十一歲丙寅流年大運戊戌地支寅午戌三合才成婚，且大運戌與時支丑刑，而丑又為墓庫，故結婚多年亦未得子。

坤造命：

八字

庚寅

庚辰

乙未

丁亥

虛歲	9	19	29	39	49	59	69
大運	己卯	戊寅	丁丑	丙子	乙亥	甲戌	癸酉

分析：

此造：

乙木日元生穀雨後九日，戊土司令。財官旺身弱，天干剋洩交加，以時支亥水日生身為用，正官爭合故不可早婚，早婚不利。二十一歲庚戌大運戊寅結婚，庚戌流年與局中夫宮未刑，故丙火大運己巳流年分居，因巳火沖亥，用神傷且丙火剋庚金正官夫星，才有這樣的結局。

乾造命：

八字

乙未

戊子

丙辰

丙申

虛歲	6	16	26	36	46	56	66
大運	丁亥	丙戌	乙酉	甲申	癸未	壬午	辛巳

分析：

此造：

丙火日元生大雪後十三日，癸水司令。全局剋洩重，以年干乙木正印生扶，妻宮三合故不可早婚，早婚不利。

此造在二十四歲戊午流年大運丙戌，雖流年大運地支合但戌未刑，且大運戌與妻宮辰沖，而流年戊午之午與子沖結婚，已注定不幸，故三十二歲丙寅流年與時支沖而離婚。

坤造命：

八字

丁酉

甲辰

丙子

甲午

虛歲	1	11	21	31	41	51	61
大運	乙巳	丙午	丁未	戊申	己酉	庚戌	辛亥

分析：

此造：

丙火日元生穀雨後十四日，戊土司令。身強喜財官，夫宮子水為用，卻逢午火沖，早婚不美，偏此造在二十二歲流年戊午結婚，大運丁未，地支午未合，但午與子沖注定不幸，故在二十四歲流年庚申，雖申與命局子辰合水，但官合入墓庫，有夫似若無夫，故命主在此年離婚。

坤造命：

八字

辛丑
戊戌
癸未
乙卯

虛歲	8	18	28	38	48	58	68
大運	己亥	庚子	辛丑	壬寅	癸卯	甲辰	乙巳

分析：

此造：

癸水日元生寒露後一日，辛金司令。地支丑未戌三刑，官殺混雜，夫宮逢合逢刑，故不可早婚，否則不利，偏此造二十三歲癸亥流年大運庚子地支形成亥子丑三會結婚，先生好高鶩遠，缺少家庭觀念，婚後命主擔負家庭經濟重任，至二十九歲己巳流年離婚。

坤造命：

八字：

壬寅

乙巳

癸酉

辛酉

虛歲	10	20	30	40	50	60	70
大運	甲辰	癸卯	壬寅	辛丑	庚子	己亥	戊戌

分析：

此造：

癸水日元生小滿後十四日，丙火司令。食神生財真神得用，可惜寅巳刑，巳酉合，財星有損，夫星不見藏於支中，故不可早婚，大運壬寅流年丁丑結婚，地支巳酉丑三會局且會合夫宮。因此在這一年完成終身大事。

乾造命：

八字

己亥

甲戌

壬辰

戊申

虛歲	10	20	30	40	50	60	70
大運	癸酉	壬申	辛未	庚午	己巳	戊辰	丁卯

分析：

此造：

壬水日元生霜降後十二日，戊土司令。身弱官殺旺，幸日支通根年支亥水且日時申辰合，生助日元，雖月干印木可以疏土，但甲逢己合，木失其用，幸大運四十五歲前走金水運助命局一臂之力，甲子流年大運壬申支合申子辰三合故結婚，因妻宮為水庫故妻賢有助。

乾造命：

八字

丁酉

丁未

丙午

壬辰

虛歲	10	20	30	40	50	60	70
大運	丙午	乙巳	甲辰	癸卯	壬寅	辛丑	庚子

分析：

此造：

丙火日元生大暑後十日，己土司令。日月支午未合火，年月雙透丁火日元旺，喜財官時干壬水七殺坐辰土可晦火生金，金生水，可惜金水在年時遙隔，喜用無力，幸大運三十四歲之後走金水運，流年甲子大運乙巳結婚，巳酉合金財局故成婚。

坤造命：

八字

甲辰　丙子　己酉　己巳

虛歲	7	17	27	37	47	57	67
大運	乙亥	甲戌	癸酉	壬申	辛未	庚午	己巳

分析：

此造：

己土日元生冬至後四日，癸水司令。年月支子辰合，日時支巳酉合，金水洩氣重，喜年月官印相生，故此命主在甲戌大運乙丑流年結婚，因地支巳酉丑三合夫宮故結婚，因年干正官甲木為喜用，故先生忠厚誠實，腳踏實地，以替人油漆為生。婚後夫妻感情融洽。

坤造命：

八字

丁酉
戊申
庚午
己卯

虛歲	5	15	25	35	45	55	65
大運	己酉	庚戌	辛亥	壬子	癸丑	甲寅	乙卯

分析：

此造：

庚金日元生處暑後三日，庚金司令。月時戊己透干生扶日元，元神旺女命喜財官，年上丁火雖可用但被土所洩無力，尚幸日支午中丁火可為一用，更有時支卯木相生，然午見卯雖相生卻也破，更可惜者局中無水洩秀來生財，幸大運一路水木，命主在戊午流年，庚戌大運結婚，戌與夫宮及年月合故結婚。

坤造命：

八字

庚子

壬午

乙未

己卯

虛歲	11	21	31	41	51	61	71
大運	辛巳	庚辰	己卯	戊寅	丁丑	丙子	乙亥

分析：

此造：

乙木日元生夏至後十五日，丁火司令，午未合，卯未合，子午沖，日元有根，雖食傷洩秀但逢沖，大運喜走火土，大運庚辰，流年庚申結婚，申與年支子及運支辰三會水局故結婚，婚後先生經營高級傢具，生意好，但卯運後不佳，結束營業，目前先生上班。

坤造命：

八字

甲寅

丙子

壬辰

乙巳

虛歲	4	14	24	34	44	54	64
大運	乙亥	甲戌	癸酉	壬申	辛未	庚午	己巳

分析：

此造：

壬水日元生大雪後十日，癸水司令。雖月日支子辰合水助身，但命主日元被洩太過，必須以金生水為用神。故此造在癸酉大運之辛巳流年結婚，酉運與夫宮辰合，流年巳支與運支合，故結婚。命主在銀行上班，先生從事金飾業，感情生活甜美，於壬午年生一子。更喜大運一路金水。

乾造命：

八字

辛亥

庚寅

戊子

辛酉

虛歲	10	20	30	40	50	60	70
大運	己丑	戊子	丁亥	丙戌	乙酉	甲申	癸未

分析：

此造：

戊土日元生雨水後十三日，甲木司令。天干三金食傷洩氣重，取印為用，大運丁亥流年辛巳結婚，大運丁亥與流年辛巳本天沖地剋，但因丁火為用，且巳與酉合，而亥與寅合故火不傷而結婚。

此造乃上造先生，且本人命中缺印，故從小便能與神明溝通，即俗稱通靈者。

坤造命：

八字

辛卯
戊戌
己酉
戊辰

虛歲	2	12	22	32	42	52	62
大運	己亥	庚子	辛丑	壬寅	癸卯	甲辰	乙巳

分析：

此造：

己土日元霜降後十二日生，戊土司令。全局身強官弱又逢食傷，不可早婚。且命局中身強用年支卯木為用，被年干辛金食神所蓋頭剋且夫宮有合，夫星被合入庫中，冥冥之中已注定婚姻不美滿，故命主在大運壬寅流年丁卯支會寅卯辰而結婚，而且是嫁給一位已經離過婚的男人，於癸未流年其夫離家已近一年。

坤造命：

八字

戊申
甲寅
戊午
癸亥

虛歲	5	15	25	35	45	55	65
大運	癸丑	壬子	辛亥	庚戌	己酉	戊申	丁未

分析：

此造：

戊土日生立春後十三日，丙火司令。日月支寅午合火，看似不弱，但月干甲木透出剋年干戊土，且年月支寅申沖，寅中丙火傷矣，審視全局財殺旺而身弱，取印為用，看似殺印相生，但殺逢剋制，故先生從事消防工程維修工作，命主在壬子大運，己巳流年結婚。因大運壬子與日柱天沖地剋，故結婚後只生二女無子。

坤造命：

八字

甲午

己巳

乙酉

己卯

虛歲	9	19	29	39	49	59	69
大運	戊辰	丁卯	丙寅	乙丑	甲子	癸亥	壬戌

分析：

此造：

乙木日元生小滿後八日，丙火司令。全局火土燥熱不見滴水，年干甲木雖欲助身疏土，但甲逢己合，時支卯逢酉沖，日元根技以從格論之。

命主在丙寅大運，壬戌流年地支會合寅午戌而結，先生從事消防工程的生意，獲利近億，以乙丑運最好，甲子運後走下坡。

坤造命：

八字

己亥
己巳
己丑
己巳

虛歲	11	21	31	41	51	61	71
大運	庚午	辛未	壬申	癸酉	甲戌	乙亥	丙子

分析：

此造：

己土日元生立夏後一日，戊土司令。天干一氣，火土燥熱，幸年支亥水潤土，但逢巳火沖，財印互傷，幸夫宮丑土坐守丑與巳合而解亥已之沖，但夫宮左右爭合，不利婚姻，故此造命主於辛未大運之辛酉流年結婚，地支巳酉丑三合夫宮且命局喜金水木，但婚後先生好賭，常鬧離婚，先生從事國術館生意。

乾造命：

八字

乙亥

庚辰

辛巳

庚寅

虛歲	10	20	30	40	50	60	70
大運	己卯	戊寅	丁丑	丙子	乙亥	甲戌	癸酉

分析：

此造：

辛金日元生穀雨後十四日，戊土司令。身強喜財官，年上乙木偏財透干與比肩劫財爭合不可早婚，且日時寅巳刑，若早婚必有刑傷，無奈此造在己卯大運癸巳流年地支會寅卯辰而結婚，婚後經營事業有成，也經營旅社，但結婚沒幾年又納妾此造身旺正偏財混雜，財逢刑逢合，因此娶妻又納妾。

乾造命：

八字

庚辰
庚辰
壬寅
己酉

虛歲	3	13	23	33	43	53	63
大運	辛巳	壬午	癸未	甲申	乙酉	丙戌	丁亥

分析：

此造：

壬水日元生穀雨後九日，戊土司令。寅辰夾卯木洩日元之氣，三土剋身日主弱，局中三印生身，最喜用木疏土亦可以木生火，妻宮為用，故妻賢慧。

其妻為一民意代表，命主在大運癸未，丙午流年結婚，午未合且午與妻宮寅木亦合故結婚，在丙戌大運經醫生檢查後發現得口腔癌。

坤造命：

八字

甲午

癸酉

辛卯

己丑

虛歲	9	19	29	39	49	59	69
大運	壬申	辛未	庚午	己巳	戊辰	丁卯	丙寅

分析：

此造：

辛金日元生秋分後九日，辛金司令。

身強喜財官日支卯木偏財逢酉沖年干甲木坐午故不可早婚，早婚不美，命主在辛未大運，丁巳流年結婚，巳與丑酉合，流年巳大運未與命局年支午三會火局故結婚，在大運己巳尾交戊辰運之癸未流年離婚，因癸未流年與時柱沖剋之故，不吉也。

坤造命：

八字

丙辰

壬辰

丙午

壬辰

虛歲	8	18	28	38	48	58	68
大運	辛卯	庚寅	己丑	戊子	丁亥	丙戌	乙酉

分析：

此造：

丙火日元生穀雨後四日，戊土司令。

命局剋洩太過，必取木以用之，可惜乙木藏庫，且土旺剋水又無金來通關，夫星傷自不利婚姻，是以此造命主在庚寅大運之辛巳流年結婚，大運地支寅與夫宮午火合，故結婚，但二十八歲之後走戊己土運，壬水七殺偏夫能倖免哉。

乾造命：

八字

丙申

辛卯

丁亥

壬寅

虛歲	3	13	23	33	43	53	63
大運	壬辰	癸巳	甲午	乙未	丙申	丁酉	戊戌

分析：

此造：

丁火日元生春分後六日，乙木司令。妻宮爭合，月干偏財又合婚姻難美。運喜土金水，忌木火。大運甲午流年壬戌支成寅午戌三合火局故結婚，至丙申運走沐桃花且穿破妻宮亥水，幾已至與妻決裂邊緣。

此造夫妻感情不佳乃因妻宮左右逢合心懷左擁右抱，搞外遇所致。

乾造命：

八字

戊戌

庚申

乙丑

丙戌

虛歲	9	19	29	39	49	59	69
大運	辛酉	壬戌	癸亥	甲子	乙丑	丙寅	丁卯

分析：

此造：

乙木日元生立秋後八日，壬水司令。全局財殺旺，妻宮丑戌刑，幸有壬水司令可化官殺亦可制食傷，但因妻宮有刑故婚姻難美。

因此命主在癸亥大運丙子流年支成亥子丑北方水局而結婚，但因妻宮及妻財有刑，故結婚後不久其妻北上工作，命主本人則在南部耕田工作，幫母親過生活。

坤造命：

八字

癸未

甲子

丁未

甲辰

虛歲	8	18	28	38	48	58	68
大運	乙丑	丙寅	丁卯	戊辰	己巳	庚午	辛未

分析：

此造：

丁火日元生大雪後九日，壬水司令。地支三土洩火。又有二水剋火，幸喜甲木雙透生扶日元，此造為殺印相生貴格，是以學位至博士，因子中癸水七殺逢未穿破，故婚姻較晚，直到三十六歲戊午流年大運丁卯才完婚。

流年戊午的午與夫宮未合及大運卯與未合解未子穿，故結婚。

坤造命：

八字

乙未

辛巳

丁丑

甲辰

虛歲	8	18	28	38	48	58	68
大運	壬午	癸未	甲申	乙酉	丙戌	丁亥	戊子

分析：

此造：

丁火日元生立夏後十日，庚金司令。地支三土晦火，日月支巳丑合金，月干辛金透出剋年干乙木，身強財旺，喜財洩食傷以生官，可惜夫星暗藏，幸運走申酉財地，於癸未大運之戊午流年結婚，因午與巳未會局，婚後先生事業順利，為一小公司老闆。

坤造命：

八字

戊申

壬戌

癸丑

乙卯

虛歲	2	12	22	32	42	52	62
大運	辛酉	庚申	己未	戊午	丁巳	丙辰	乙卯

分析：

此造：

癸水日元生寒露後二日，辛金司令。日支夫宮丑與月支戌刑，年干戊土正官高透，官殺混雜，時柱乙卯食神又洩日元，全局剋洩，取年支申金生扶為用，命主在戊午大運流年癸未結婚，因午戌合解丑未沖，且卯未亦合，此命主嫁給一位比自己年齡還小的人為妻。

坤造命：

八字

癸卯

戊午

丁亥

壬寅

虛歲	9	19	29	39	49	59	69
大運	己未	庚申	辛酉	壬戌	癸亥	甲子	乙丑

分析：

此造：

丁火日元生芒種後七日，己土司令。戊土透干食傷混雜，局中三見官殺，傷官見為不美，幸年月戊癸合殺留官，日支夫宮亥水正官與寅木合，時上壬水正官清，且夫來向我佳美，身強喜財生官。大運金水佳美，大運庚申流年戊辰，申辰合，且辰與局中寅卯三會，故結婚。

坤造命：

八字

丙申

乙未

甲午

甲戌

虛歲	7	17	27	37	47	57	67
大運	甲午	癸巳	壬辰	辛卯	庚寅	己丑	戊子

分析：

此造：

甲木日元生大暑後三日己土司令。夫宮左右合，不利早婚。局中火土燥熱，壬水用神藏於年支申金之中，年干丙火蓋頭，申中庚金七殺傷矣，故命主在癸巳大運戊午流年結婚，支全巳午未的原故，沒有幾年時間先生在辛運時病亡。因大運辛逢丙火合剋則正官傷矣，故夫亡。

坤造命：

八字

丙辰

戊戌

癸丑

丁巳

虛歲	7	17	27	37	47	57	67
大運	丁酉	丙甲	乙未	甲午	癸巳	壬辰	辛卯

分析：

此造：

癸水日元生霜降後五日，戊土司令。辰戌丑三刑且干透財殺火土，身弱本當棄命論從，但日時巳丑支合酉金，故取金生水為用。命主在乙未大運之癸未流年結婚，為何不是在申運結婚而反在乙木運結婚，因辰戌沖可解丑戌刑，若申合辰則戌刑丑矣，且乙木可疏土，癸水流年亦可生木，故此結婚也。

乾造命：

八字

己亥

丙子

丁卯

乙巳

虛歲	2	12	22	32	42	52	62
大運	乙亥	甲戌	癸酉	壬申	辛未	庚午	己巳

分析：

此造：

丁火日元生大雪後三日，壬水司令。水火未濟，因日元本弱，但反因日主坐卯木而且月干丙火及時柱乙巳生扶日元，元神轉為強旺，年月支亥子官殺雖冬令秉權，卻因無金生水反而變弱，故大運喜走金水以助官殺，命主在壬申大運之辛未流年因地支亥卯未三合木局而結婚，婚後夫妻感情和諧，以批發水果營生。

坤造命：

八字

乙巳

戊寅

壬辰

辛丑

虛歲	10	20	30	40	50	60	70
大運	己卯	庚辰	辛巳	壬午	癸未	甲申	乙酉

分析：

此造：

壬水日元春生寅木月，於立春後三日生，戊土司令。三土剋日元，幸有時干辛金印星生扶日元，更喜年上乙木傷官高透剋土，年支與月支寅巳刑財星有傷，官殺混雜非福造，故命主在庚辰大運之辛未流年結婚，庚辛皆為喜用所以完婚，婚後生一女一子，此造為上造之妻。

乾造命：

八字

甲寅

庚午

丙申

壬辰

虛歲	5	15	25	35	45	55	65
大運	辛未	壬申	癸酉	甲戌	乙亥	丙子	丁丑

分析：

此造：

丙火日元生夏至後二日，丁火司令。年月寅午支合日元不弱，壬水透出時干成水火相濟之勢，月時申辰支合，庚金透月干財生殺，妻宮合故命主在壬申大運丙子流年形成申子辰三合局故結婚，婚後自營水電行，大運復行金水西北之位運勢順暢，平生無災。

乾造命：

八字

庚子

己丑

庚戌

戊寅

虛歲	7	17	27	37	47	57	67
大運	庚寅	辛卯	壬辰	癸巳	甲午	乙未	丙申

分析：

此造：

庚金日元生大寒後七日，辛金司令。四十二金日月丑戌刑，幸年月子丑合，日時寅戌合，運因身強喜走水木火，此造遲至癸巳大運丁丑流年才結婚，為什麼呢？因大運巳與月支丑合解子丑之合，使子水可去生木，所以，因為這樣才結婚，此造命主在電子公司上班，而妻子則自設會計事務所營業。

坤造命：

八字

癸卯

甲子

乙酉

乙酉

虛歲	11	21	31	41	51	61	71
大運	乙丑	丙寅	丁卯	戊辰	己巳	庚午	辛未

分析：

此造：

乙木日元生於大雪當日，壬水司令。局勢冷凍，格局丙火調候，可惜不見火苗，所幸大運一路木火補命中不足，命主於丁卯大運，丁丑流年天干皆為格局喜用而結婚。

此造命主乃上造之妻，本人自己開設會計事務所。先生則在電子公司上班。

坤造命：

八字

戊子

己未

辛亥

丙申

虛歲	7	17	27	37	47	57	67
大運	戊午	丁巳	丙辰	乙卯	甲寅	癸丑	壬子

分析：

此造：

辛金日元生大暑後七日，己土司令。三土生二金日元不弱，日支夫宮亥水傷官本喜與月支未土合，卻因時支申金穿破，而連帶使年支子水亦被未土穿，食傷受損，時干丙火正官又無財生，婚姻難美，故命主在丙辰大運因地支三合申子辰而嫁給一位比自己大三十歲的先生作老婆。

十八、日柱沖剋

凡命旺者，男命無財而財為喜用者，女命無官殺而殺亦同為喜用者，大運與命局成會合，而流年與日柱沖剋者，當年易得婚緣，但前提須流年為命局喜用，如男命的流年為財，女命的流年為官殺，更須夫宮或妻為忌神坐守者，合乎以上條件才算。

乾造命：

八字

丁酉

甲辰

己巳

丁卯

虛歲	8	18	28	38	48	58	68
大運	癸卯	壬寅	辛丑	庚子	己亥	戊戌	丁酉

分析：

此造：

己土日生穀雨後七日，戊土司令。劫財掌權，喜甲木正官疏土，但丁火雙透洩甲木去生火，局中三印生身日元扶之太過，取年支酉金洩土生水，更喜辰酉合，只可惜癸水偏財藏庫。

命主在大運壬寅流年癸亥因地支會合寅卯辰，流年與日柱天沖地剋，喜用沖妻宮忌神而結婚。

坤造命：

八字

戊戌
丙辰
丁巳
乙巳

虛歲	3	13	23	33	43	53	63
大運	乙卯	甲寅	癸丑	壬子	辛亥	庚戌	己酉

分析：

此造：

丁火日元生清明後五日，乙木司令。偏印掌權，四火一木扶身太過，癸水七殺藏於庫中，年月辰戌沖，癸水傷，戊土傷官透出年干，食傷旺易剋夫，更無財來宣洩燥土之氣實不美矣，大運癸丑流年癸亥，丑土與夫宮巳合，流年癸亥沖夫宮忌神故於當年而結婚。

編後語

婚姻是條不歸路，只要一腳踏進就不可能再回頭，所以，您所選擇的是抱持獨身主義，就不會有婚姻生活上的困惑與煩惱，但如果您選擇的是兩性互相扶持的婚姻，則必須認清婚姻所必須擔負的責任義務，更必須為自己所選擇的生活方式無怨無悔的走下去，因為這就是人生。

一樣米養百種人，人不可能一模一樣，就算是孿生兄弟或孿生姊妹外表相似，心地也未必相同，所以，我們沒有權利要求別人跟我一樣，一起過同樣的生活，或有同樣的嗜好興趣。

在婚姻中最容易起衝突磨擦，甚至演變成感情出軌，更甚者情殺，皆是因為過度的要求對方所導致。我們常聽人講感情是盲目的，很少有人能在自己人生關鍵時刻作理性的判斷，故在日後慘劇發生的時候，悔恨莫名已來不及了。

在接觸了許多論命的實際交談中，清楚的發現，許多的夫妻，婚姻生活本來好端端地，卻只因芝麻蒜皮的小事而起紛爭，輕者因心結未解而抑鬱寡歡，中者因愛生恨作各種喪失理性的無理取鬧的行為，重者毫無理性地使出各種瘋狂的舉動，甚至痛下殺手，摧毀對方，實在令人不忍。

有一次到板橋為客人服務，經訪談後明白她的婚姻有了不容易解決的問題。她的先生從事水泥工程的小工，既好賭也非常花心，結婚近三十年，夫妻聚少離多，因為先生不是為了賭整天不見人影，就是在外面與其他的女人廝混同居，有時為賭及外面的女人，把房屋拿去抵押，把債務丟給老婆。

她的先生也是個大醋桶，只要太太跟男人講話被他發現，回家必定拳腳棍棒相向，近三十年無寧日。有一回她到朋友家談論大兒子結婚宴客事宜，丈夫竟尾隨其後，至朋友家五樓門外偷聽老婆跟朋友的講話。她的朋友也是一位已離婚的太太，當天這位太太家裡剛好來了一位男性朋友，其先生回家後就責問她，今天到哪裡，因為她知道先生的個性，就隨意應答，但就是沒有回答清楚，先生一再追問她，妳只是到朋友家，那有沒有跟男人講話，她回答：沒有。便被先生打得多處瘀傷，令她痛心的是，隔天竟是她兒子下聘的日子。

當天她就當著先生的面在她朋友的五樓家告訴筆者這些事，筆者也當著她們夫妻的面請這位先生要凡事站在替別人想的立場，夫妻才能圓滿相處，否則如果只是一味地想著自己，婚姻是不會圓滿的。因為在與她們夫妻及她朋友的談話中，了解這位先生是很自私的一個人。

不知妳或你是否也同樣面臨這樣的情形，如果有，您是如何面對的呢？

台北東區有一位王小姐，在筆者與她接觸的訪談中，明白她很不快樂，因為王小姐人長得還算漂亮，雖然所嫁的先生經濟事業都還可以，但因先生有了外遇，整日鬧情緒，甚至選尋死以求解脫來威脅先生，要結束外遇的感情，但她愈是不甘愈鬧，就愈不得先生的歡心，她周遭的朋友也很替她擔心。筆者也是透過她的朋友跟她認識的，聽完她的訴說，筆者希望她能先定下心來，不要把先生的外遇看成罪不可赦，既已成事實，有時用接納、包容來取代哭鬧自殺反而更可能化解。

試問如果你或你的另一半有外遇，你將會有什麼樣的心情呢？

筆者有一對朋友，結婚也二十多年，二十多年來其太太的心情如同處在水深火熱的煎熬中，因為先生一直以來都認為他們的大兒子不是他的親生子，是老婆跟別人生的，所以太太不知如何解決，但與他們夫妻認識之後。筆者除了好言規勸外，並鼓勵他們要修行才能化解，因為事出必有因，會成為夫妻總是有緣，既是有緣就該珍惜，經過筆者跟他們做溝通後，經幾個月的時間，兩人的心理也漸漸平復，而且兩人也共同修行，如今往日的陰霾已一掃而空，過者幸福平靜而穩定的生活。

多年前有一對曾住在信義區的夫妻，在事業不順心的影響下，夫妻感情生活也面臨了極嚴苛的考驗，先生常打老婆，把老婆當成出氣桶，有時更拿刀要殺她，筆者前往其家中作心理輔導，使兩人能化解彼此的心結，如今夫妻感情也令人生羨，且搬回南部鄉下與父母同住，夫妻兩人也非常孝順父母公婆。

所以，不管我們所面臨的是什麼情形，都應該要很理性而且要善用上天所賦予的智慧來解決，否則就枉為萬物之靈了。故而筆者常說人是要活著來解決問題的，而不是要來製造問題，這才是人活著的價值。

星海釣叟賜教處

台北縣新莊市豐年街五十一巷十七弄六號二樓
電話：二二〇一三三七一
〇九一二二六〇三九六

國家圖書館出版品預行編目資料

八字婚姻點鑰／星海釣叟著
－初版－臺北市，大展，民 93
面；21 公分－（命理與預言；71）
ISBN 957-468-329-X
1. 命書
293.1　　　　93013669

八字婚姻點鑰

ISBN 957-468-329-X

著 作 者／星 海 釣 叟
發 行 人／蔡　森　明
出 版 者／大展出版社有限公司
社　　址／台北市北投區（石牌）致遠一路 2 段 12 巷 1 號
電　　話／(02) 28236031・28236033・28233123
傳　　真／(02) 28272069
郵政劃撥／01669551
網　　址／www.dah-jaan.com.tw
E-mail／dah_jaan @pchome.com.tw
登 記 證／局版臺業字第 2171 號
承 印 者／國順圖書印刷公司
裝　　訂／協億印製廠股份有限公司
排 版 者／千兵企業有限公司
初版1刷／2004 年（民 93 年）10 月

定　價／280 元